SLÄKTEN SJÖDIN

En släkthistoria från Hälsingland, Ångermanland och Västerbotten från slutet av 1700-talet fram till mitten av 1900-talet.

Lokalhistoriska berättelser, livet på segelfartyg, norrländskt lantbruk och skogsarbete i mot- och medgång, bland annat under de svåra åren i slutet av 1800-talet.

Dessutom en detaljerad släkthistoria för 4–5 generationer, främst på faderssidan, från slutet av 1700-talet fram till mitten av 1900-talet

Ytterligare medverkande: J G Sjödin via sina böcker "Vår släkt"

Förlag: BoD – Books on Demand, Stockholm, Sverige
Tryck: BoD – Books on Demand, Norderstedt, Tyskland

ISBN: 978-91-8007-541-1

INNEHÅLLSFÖRTECKNING

KAPITEL 1

BAKGRUND

Denna bok är en berättelse om en släkt, som så småningom tog namnet Sjödin. Berättelsen följer i huvudsak en rak linje på faderssidan, med vissa utvikningar, och startar i slutet av 1700-talet för att sluta i mitten av 1900-talet. Berättelsen är baserad på släktforskning, biografier, historieforskning men utger sig inte att vara den korrekta eller enda sanningen, men till stora delar baserad på fakta som dokumenterats i böcker och skrifter. Underlag redovisas som referenser i slutet av boken.

Namnet Sjödin förekommer i många släkter och den faktiska förklaringen till namnet är ej fastslagen. I några fall, till exempel vid Dragonregementet i Jämtland förekom namnet som ett soldatnamn, medan det i de flesta andra fall togs av vem som helst under 1800-talet. Det finns dock en mycket tydlig övervikt mot Västernorrland, dvs att de ursprungliga Sjödinarna kom från detta område. År 2019 fanns det registrerat dryga 5 000 personer i Sverige med namnet Sjödin, men ett antal ytterligare med olika stavningsvarianter och närliggande namn som Sjödén, Scherdin med mera. Sammanfattningsvis så finns det inte bara en släkt Sjödin utan många sådana. I denna bok är det dock enbart en enda släkt som kommer att behandlas och den äldsta registrerade personen med namnet Sjödin föddes med namnet Jonas Göransson, dvs Görans son.

*

Denna berättelse startar i slutet av 1700-talet i Hälsingland. Där finns det en ort som heter Arbrå. Arbrå är sedan 1400-talet en egen församling och kyrka. Orten ingår i dag i Bollnäs kommun och Gästriklands län, ligger vid älven Ljusnan på 61: a breddgraden. Det finns flera sägner hur namnet Arbrå kom till, bland annat en som berättas av JP Sjödin1: "*Uti en stor socken i södra Hälsingland hade en del av församlingsborna betydligt lång väg till kyrkan. Ofta hände det att de avlägsnaste socken-borna först kom till kyrkbacken, varför de vanligen tillfrågades: 'ni ar brå' – ni är tidigt ute – och som detta uttryck ofta upprepades blev det till ett slagord 'Ni ar brå'. Längre fram i tiderna delades socknen i två och i anledning därav byggdes en ny kyrka, som fick sin plats vid ett färjeställe vid Ljusne älv. Platsen där kyrkan står ligger nere på åbacken, där vägen går över älven, eller rättare sagt, kyrkan byggdes tätt intill vägen. Som den är byggd på jämn mark saknar den vidsträckt utsikt, men har likväl ett vackert läge. När den nya kyrkan och socknen skulle få sitt namn, förtäljer sägnen, var det många förslag, men till sist enades man därom, att hon skulle få namnet efter slagordet 'Ni ar brå', förkortat till Arbrå.*"

En kanske mer korrekt beskrivning säger att äldsta nedteckningen av Arbrå är från 1314 och nämns då som *ørboradh*. Från 1500-talet finns bland annat stavningarna *Arberådth* och *Ärbråd*. Namnet har sammansättningen Arb-rå, där efterledet -rå betyder bygd, och förledet hänvisar till "de som bor vid ören" där ör avser sandbank och de

---

1 *Jonas Petter Sjödin (1839–1931), bland annat författare till två böcker "Vår släkt" varifrån många av berättelserna i denna bok är hämtade.*

sandstränder som finns i den del av Ljusnan som Arbrå ligger vid. Arbrå har därför sammanfattats betyda "de vid Ljusnans sandiga stränder boendes område"

På båda sidan Ljusnan ligger en by vid namn Hänsätter. I denna by på den östra sidan av älven finns en gård med dominerande läge och goda ägor. Platån, på vilken gården är belägen, liknar en upp- och nedvänd kaffebricka, varför gården allmänt kallats Brickgården. Det finns även en annan förklaring, en sägen, som berättar om tre män med finskt ursprung som kom till trakten under 1500-talet. Deras namn var Knåp, Pät och Brikk, där den sistnämnde skulle varit ursprunget till Brickgården.

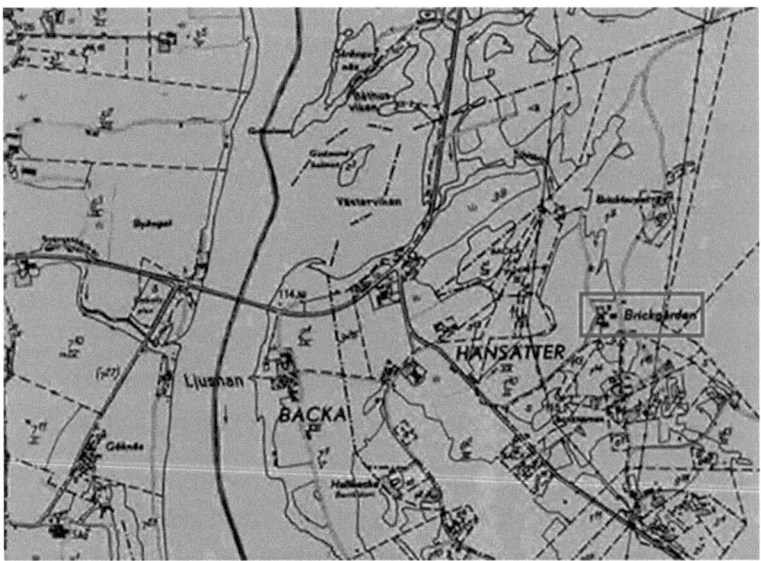

Figur 1 Brickgården, Hansätter i Arbrå socken i Gästrikland

8

KAPITEL 2
BRICKGÅRDEN

Brickgården hade som officiell beteckning Hänsätter nr 1. I början av 1800-talet hade hemmanet brukats i minst fyra generationer från far till son. Den förste kända hemmansägaren hette Jonas och var född på 1650-talet. Hans äldsta son föddes på 1680-talet och fick även han namnet Jonas, men troligen blev det andra sonen Erik som övertog hemmanet. Erik Jonsson äldste son Jonas föddes den 13 januari 1717. Han gifte sig 1743 med Ella Jonsdotter från Backa och deras äldsta son Jon eller Jonas föddes 6 mars 1746 och övertog så småningom hemmanet. Han gifte sig 18 juni 1778 med Gölin Göransdotter, född 16 mars 1755, från Nordsjö inom Arbrå socken.

9

Figur 2 Hemmanet Hänsätter nr 1 = Brickgården

När Jon och Göril gifte sig var Gustav III kung i Sverige. Övergången från stormaktstiden till frihetstiden blev en nästan lika stor omvälvning som reformationen tvåhundra år tidigare. Nu skulle människan befrias från fördomar och förtryck. Under mitten av 1700-talet stod vetenskapen i Sverige på lika hög nivå som i Frankrike och England. Svenska botaniker som Linné, fysiker som Celsius, astronomer och statistiker som Wargentin och många andra, vann världsrykte. I en klass för sig stod matematikern, uppfinnaren och andeskådaren Emanuel Swedenborg. Utforskningen av naturen skulle vara praktisk och nyttig och leda till allas bästa. Därför grundades Vetenskapsakademien, inte bara för att syssla med naturvetenskaper utan också för att undersöka hur man kunde utveckla och förbättra handel, teknik och industri.

Nu utforskades det egna landet. Linné reste till Lappland och andra landskap och skrev böcker om sina iakttagelser som fortfarande är läsvärda. Här fann man områden som måste tas tillvara. Ungdomar

10

uppmuntrades med skattefrihet att lämna Norrlandskusten och söka sig in i Lappmarken för att odla ny mark. Där fanns tidigare inga fasta bosättningar. Därför kom många i konflikt med samerna om fiskevatten och betesmarker. Men odlingen och bosättningen hade börjat. På 1700-talet bodde bönderna i byar. Åkrarna var uppdelade i tegar för att den bästa jorden skulle bli rättvist fördelad. Det fanns gemensamma marker för de fattiga att odla på. Odlingssättet var ofta två- eller treskifte, dvs man odlade säd i ett eller två år och lät jorden ligga i träda i ett år. Jorden bearbetades med årder[2], en slags plog utan vändskiva, och med harv av trä. I och med att man hade tegar skedde det mesta arbetet gemensamt. Inga foderväxter odlades och djuren svalt under vintern.

Så småningom kom bönderna att ha sin åker uppdelad på 30–40 ställen och det blev svårt till exempel att pröva nymodigheter. Och befolkningen ökade i snabb takt. Allt detta ledde till att Jakob Faggot 1757 förordade storskifte, dvs jorden samlades till så få lotter som möjligt. Skiftet drevs bara delvis igenom och produktionen ökade lite. Byarna upplöstes trots böndernas motvilja. Man började växla mellan odling av brödsäd och foderväxter. Det nya skiftet gav större avkastning och efterhand blev bönderna mer samarbetsvilliga. När Carl von Linné reste genom norra Sverige i början av 1700-talet skrev han: *Stora skogar av tall står öde och fåfäng, ty ingen behöver timret, faller omkull och ruttnar bort.* Han noterade också de stora områden som brunnit i naturliga skogsbränder och klagade över hur svårt det var att färdas genom ett sådant vilt och otillgängligt landskap. Han insåg också möjligheterna med dessa, dittills helt outnyttjade, delarna av det svenska riket.

---

[2] *Ett årder (fsv: arþer) är ett jordbearbetningsredskap som till skillnad från en plog inte har någon vändskiva.*

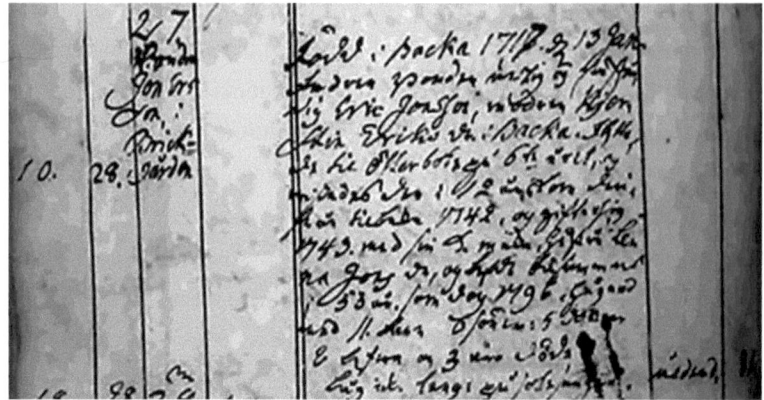

Figur 3 Utdrag ur kyrkbok från Arbrå med beskrivning av Jon Jonsson

Ett flertal personer har hjälpt till att tolka ovanstående text ungefär enligt följande: *"Jon Ersson i Brickgården. Född i Backa 1717, 13 januari, fadren ärlig och förståndig Eric Jonsson, modren Kjerstin Eriksdotter i Backa. Flyttade till Österbo på 6:e året och vistades där i 12 år, kom därifrån tillbaka 1742, och gifte sig 1743 med sin maka, hustrun Lena Jonsdotter och lefde tillsammans i 53 år, som dog 1796, hägnad med 11 barn 6 söner, 5 döttrar, 8 lefva och 3 äro döda. Låg inte länge på sotsängen. 81 år."*

*

Brickgården, eller Hänsätter nr 1, var efter dåtidens mått ett stort hemman med bördiga åkrar och ängar. På gården hade Jon och Göril alltid anställda, dvs pigor och drängar som arbetade för mat och husrum och möjligen någon annan ersättning som i regel bestod av kläder eller mat. Hemmanet var välordnat och välbärgat, men det innebar även att både Jon och hans hustru arbetade ute på fälten dygnets alla ljusa timmar. På kvällar och mörka vinterdagar användes tiden att snickra eller laga samt i många fall att undervisa barnen. Någon skola fanns inte att tillgå, men i många fall kunde församlingens präst hjälpa till med viss undervisning, främst i att lära sig katekesen. Hustrun Göril var en klok och präktig kvinna, som ute på gillen, bjudningar och husförhör alltid ställdes bland socknens främsta, och hon var inte ovillig att även motta sina vänner i sitt eget välförsedda hem. Jon Jonsson var mer en tillbakadragen, men en klok och väl betrodd man inom socknen.

Familjen fostrade fem barn där förstfödde Helena (1780-01-28) dog redan i 11 års ålder 1791-08-17 i rödsot (numera dysenteri). Andra barnet döptes till Margareta och föddes 1781-09-10. Hon gifte sig så småningom med Anders Jonsson Löf och de bosatte sig också i Hänsätter. Nästa barn blev Kjerstin som föddes 24 mars 1785 och tyvärr dog även hon i rödsot samma dag som sin äldre syster, dvs 17 augusti 1791. Den första pojken föddes 1787-01-13 och döptes till Jonas Olof. Det blev så småningom han som övertog hemmanet efter att han gift sig med Karin Persdotter från Forneby i Arbrå socken. Nästa barn var Göran, född 8 augusti 1789, och hans livsöden beskrivs nedan. Jon och Görils sista barn blev Nils som föddes 1791-01-28. Han gifte sig med Ingrid Eriksdotter från Kyrkbyn i Arbrå där paret även bosatte sig.

*

Näst äldste sonen Göran var i såväl fysisk som andligt hänseende en väl utrustad man. Föräldrarna var väldigt stränga i sin uppfostran och modern var kanske extra sträng och det var oftast Göran som hon tillrättavisade. När han väl vågade sig på att säga emot, vilket troligen var efter konfirmationen, sa han till modern att hennes så allvarliga tillrättavisningar många gånger var till mer skada än nytta. Nu, när han började bli vuxen, ville han på egen hand studera livets glada och skuggrika sidor. Detta resulterade att han redan i 18-årsålder sökte sig till sällskap som festade med gott om sprit. I det sällskapet och efter några supar blev han både glad och pratsam.

När detta hade pågått en tid började han få begär av spritdrycker, vilket innebar att han en och annan gång kom hem i mindre nyktert tillstånd. Det var till stor sorg för föräldrar och även för syskonen,

13

vilket innebar tillrättavisningar av både fadern och modern. Fader var lite mer försiktig i sitt tillrättavisande medan modern var både hård och upprepande, eftersom hon var övertygad om att dessa tillrättavisningar skulle få honom på bättre tankar. Effekten blev dock det motsatta för Göran, som oftare och oftare blev borta från hemmet. Visst arbetade han och skötte det han skulle, när han var hemma, men när han fick besök av någon av sina så kallade vänner följde han med dem för att återkomma onykter. Hos familjen Jonsson var detta beteende inte vanligt och hade tidigare aldrig förekommit.

Göran tillbringade alltmer tid i sina vänners sällskap och det var speciellt en flicka som arbetade som piga på en närbelägen gård, som han fattat tycke för. Flickan i fråga var 7 år äldre än Göran och var ett barnhusbarn från Stockholm. Kajsa Greta Vikström, som hon hette, hade biologiska föräldrar i Stockholm men hade uppfostrat i en familj från Hänsätter. Hennes uppväxt hade kanske inte blivit den allra bästa eftersom fosterföräldrarna sannolikt hade tagit sig ann fosterbarn med tanke på den ersättning man fick, snarare än kärlek till barnet. Detta hade i sin tur medfört att Kajsa Greta hade väldigt bestämda åsikter, men ändå betraktades som en slarver och till och med som en hora.

Hos henne var Göran välkommen, kanske mest av den anledningen att han var ett barn till storbonden på Brickgården. Trots hennes motvilja mot spritdrycker fick Göran övernatta hos henne, vilket gick som det ofta gör med sådana förhållanden. Kajsa Greta blev gravid, och Göran, som trots allt var en rättskaffens man, ville göra rätt för sig och gifta sig med henne.

Ett giftermål var dock ingenting som Görans föräldrar kunde acceptera, i alla fall inte med denna flicka. Göran var vid detta tillfälle 22 år och myndig, men kom ändå att slitas mellan plikten mot föräldrarna och plikten mot sitt barns moder. Föräldrarna ansåg att Göran borde ge henne barnuppfostringsbidrag, men inte ingå giftermål och det blev till sist föräldrarnas vilja som genomfördes. Kajsa Greta fick därför bära sin skam och hon födde en dotter den 8 november 1811, som fick namnet Lena. Efter det vidgades klyftan ännu mer mellan sonen och hemmet, mest därför att Kajsa Greta på alla möjliga sätt för utomstående klandrade familjen och den olycklige Göran Jonsson.

*

Under det följande året tittade Göran in till Kajsa Greta en och annan gång, för att, som han sade, lämna henne pengar. I verkligheten så var deras förhållande betydligt intimare är att bara handla om pengar. Göran bestämde sig därför att gifta sig med Kajsa Greta och nu varken kunde eller ville föräldrarna sätta sig emot detta. Den 25 oktober 1812 blev det därför bröllop mellan Katarina Margareta Vikström och Göran Jonsson i Arbrå kyrka.

Eftersom de nygifta icke hade någon bostad och det fanns flera byggnader uppe på Brickgården, blev det så att de fick en bostad av Görans föräldrar. Svärmoder och sonhustru var alltså installerade på samma gård, och då båda hade väldigt bestämda åsikter och sällan gav med sig blev det svårt för kvinnorna att samsas. Kajsa Greta hyste dessutom agg mot svärmodern för att hon förbjöd giftermålet första gången, vilket inte gjorde samvaron enklare. Kajsa Greta blev än en gång med barn och födde den 3 augusti 1813 sonen Jonas.

I Görans föräldrahem bodde de nygifta omkring tre år. Under denna tid föddes förutom sonen Jonas även sonen Hans den 1 november 1815. Göran var för det mesta ute på arbeten där han arbetade i trä och sten, med tegelbränning och mureriarbeten. Han var en mångsidig arbetare som blivit kunnig i all slags träarbeten och pengar förtjänade han bra efter dåtida förhållanden. Dessutom var han ovanligt sparsam, något han behöll under hela livstiden. Den stora förändringen för honom var att hustrun aldrig tålde att han kom hem onykter eller att han överhuvudtaget drack brännvin.

15

Att de bodde på samma gård som föräldrar och syskon var naturligtvis inte allt för enkelt. Modern och hustrun kunde aldrig samsas och fadern började bli till åren varför Görans bror Jonas var i färd med att överta hemmanet. Till sist började Göran inse att det i längden inte kunde fortsätta på detta sätt. I början av 1816, efter ett större bråk mellan föräldrar och familjen hade Göran bestämt sig. Han gick till föräldrarna och sa: " *Ni torde med rätta anse mig som den förlorade sonen och jag är det också till en del, fast jag icke har förstört min faders ägodelar, men friden har dock genom mig blivit förstörd. Nu är det dock slut. Jag kommer därför att lämna er och gården och svär på att aldrig mer återkomma.*"

Hans ord verkade vara inövade och sades med sådan känsla att föräldrarna inte kom sig för att protestera, om de nu egentligen ville det. Efter dessa ord tog han alla i hand och sade dem ett rört farväl.

Göran hade sedan tidigare gjort sig en stor kälke med skäppa och hade dessutom förberett resplaner i detalj utan att någon haft en aning därom. Han återvände till sin familj och eftersom hustrun var införstådd i beslutet tog de tillsammans fram kälken och packade de allra nödvändigaste i den. För fots drog de sedan i väg, man, hustru och tre barn. Ingen visste var de skulle och ingen vågade heller ställa frågan.

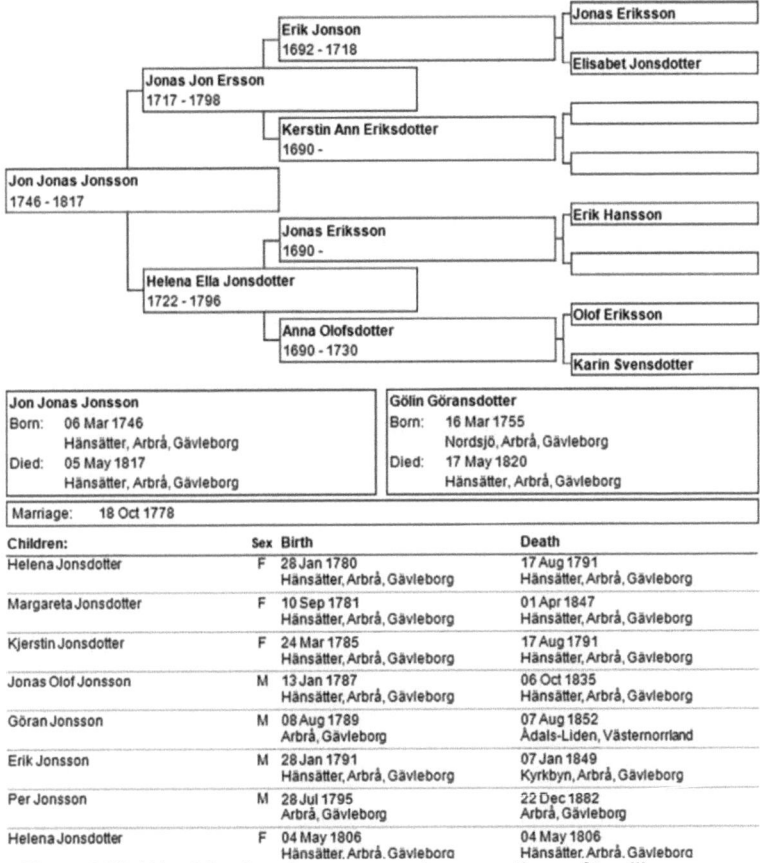

Children:	Sex	Birth	Death
Helena Jonsdotter	F	28 Jan 1780 Hänsätter, Arbrå, Gävleborg	17 Aug 1791 Hänsätter, Arbrå, Gävleborg
Margareta Jonsdotter	F	10 Sep 1781 Hänsätter, Arbrå, Gävleborg	01 Apr 1847 Hänsätter, Arbrå, Gävleborg
Kjerstin Jonsdotter	F	24 Mar 1785 Hänsätter, Arbrå, Gävleborg	17 Aug 1791 Hänsätter, Arbrå, Gävleborg
Jonas Olof Jonsson	M	13 Jan 1787 Hänsätter, Arbrå, Gävleborg	06 Oct 1835 Hänsätter, Arbrå, Gävleborg
Göran Jonsson	M	08 Aug 1789 Arbrå, Gävleborg	07 Aug 1852 Ådals-Liden, Västernorrland
Erik Jonsson	M	28 Jan 1791 Hänsätter, Arbrå, Gävleborg	07 Jan 1849 Kyrkbyn, Arbrå, Gävleborg
Per Jonsson	M	28 Jul 1795 Arbrå, Gävleborg	22 Dec 1882 Arbrå, Gävleborg
Helena Jonsdotter	F	04 May 1806 Hänsätter, Arbrå. Gävleborg	04 May 1806 Hänsätter, Arbrå. Gävleborg

Figur 4 Släktträd för Jon Jonsson med reservationer för olika namn-
och datum-uppgifter i kyrkböckerna.

Vad som därefter hände på Brickgården kan inte ha varit allt för
trevligt, men som vanligt blev det dagliga arbetet som så småningom
överskuggade denna händelse. Fadern – Jonas Jonsson – avled året
därpå – den 15 maj 1817 – och den äldste sonen Jonas Olof övertog
hemmanet Brickgården. Han var redan då gift med Karin Persdotter och
de hade fått två söner.

17

KAPITEL 3
LIDEN – ÅDALS-LIDEN

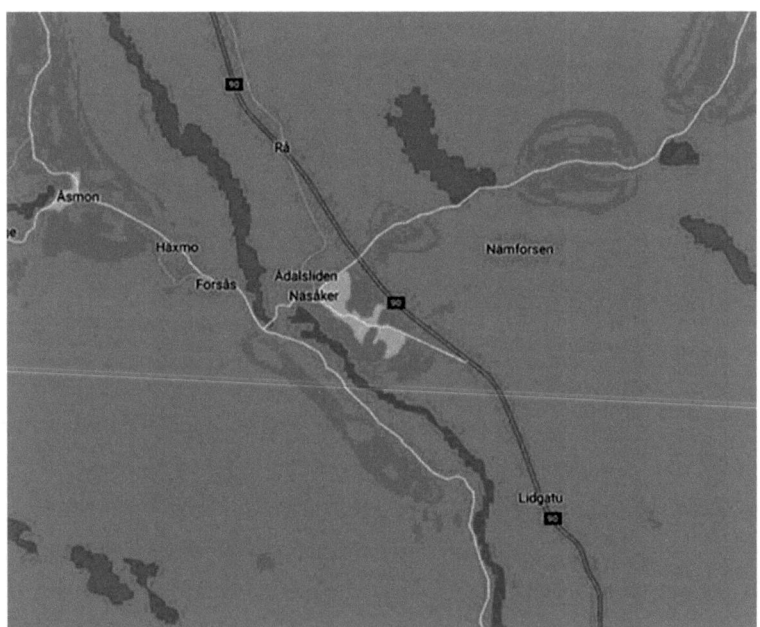

Figur 5 Kartbild av Ådals-Liden vid Ångermanälven

På våren eller sommaren år 1816 ankom till Liden – som socknen på den tiden kallades - en arbetarfamilj, bestående av man, hustru och tre minderåriga barn. Detta var naturligtvis familjen Göran Jonsson, som med hustru Kajsa Greta, dottern Lena, och sönerna Jonas och Hans, som i veckors tid hade färdats från Hänsätter i Hälsingland upp till Liden i Ångermanland. Det är inte lätt att föreställa sig hur en sådan resa kunde genomföras på den tiden. Man startade på vintern med en enda kälke och gick efter vägar och stigar. Det är inte heller sannolikt att de hade ett bestämt mål framför sig utan gick mer för att komma ifrån Brickgården och Arbrå än att bege sig till en särskild plats. Troligen stannade man på många olika ställen där Göran kunde göra något arbete och där de kunde hitta husrum och mat, men om platsen inte passade fortsatte de bara. Det man med säkerhet kan säga är att med dåtida vägar förflyttade sig familjen närmare 100 mil gående med tre barn och ägodelar i en kälke.

Liden ligger efter Ångermanälven i Ångermanland och Västernorrlands län. Den 1 januari 1886 ändrades namnet enligt kungligt beslut till Ådals-Liden. Socknen ligger kring Fjällsjöälvens inflöde i Ångermanälven och som huvudort anses Näsåker. Orten ligger cirka 40 kilometer väster om Sollefteå och cirka 110 kilometer öster om kuststaden Härnösand. Området har odlingsbygd vid älven och är i övrigt en kuperad, sjörik skogsbygd där högsta punkten är Nävermäsan med sina 505 meter över havet.

År 1896 beskrivs området[3] enligt följande:

"Ångermanländingarne, som ännu i några norrländska folkmål kallas ångermän', skildras som redbara och pålitliga, vakna och händiga, men föga lifliga i sina rörelser eller, som man säger, kvicka i vändningarna. Bondgårdarna äro snygga både utan och innan, vanligen två våningar höga och försedda med höga fönster. Ofta är tillika inredningen och möbleringen så herrskapsaktig, att den tydligen vittnar om att den slukat

---

3 *Genom Sveriges bygder, Herman Hofberg 1896*

en del af det kapital som ägaren någon gång inkasserat för en försåld skogslott.

Landskapets namn kommer af ånger, som betyder hafsvik eller fjord och återfinnes i en mängd namn både här och i andra delar af Norden."

I Liden fick denna familj möjlighet att stanna, mycket därför att makarna var unga, och mannen tycktes vara en bra arbetare, som kunde försörja sig och de sina. Men man och man emellan sa man dock: *"Vi torde nog till sist bliva fast för packet, som lär vara söderifrån, ända från Hälsingland."*

Nu blev det inte så att familjen stannade, utan på hösten packade man ihop sina små tillhörigheter och flyttade ut från socknen. Det visade sig senare att de hade flyttat till Junsele. Tydligen gick det inte bättre för dem där eftersom de redan ett år senare – hösten 1817 – återvände till Liden. Det kan ha berott på att kyrkbygget i Liden skulle påbörjas på våren 1818 och att det kunde vara en möjlighet för Göran att få arbete.

Innan Göran på allvar bestämde sig för att stanna i Liden, hade han upptäckt, att vid färjestället skulle vara en lämplig plats att bosätta sig på. Där kunde det bli inkomster som privat färjare och där fanns det mängder av virke och strandvrak som kunde användas som ved till vintern. Det bästa av allt var lövskogssniporna, en på vardera sidan om älven, som började vid färjestället och sträckte sig upp till Näsforsen och Holaforsen. I dessa trakter fans en mängd råvaror såsom hägg, rönn, björk och näver, vilket Göran som småsnickare och korgmakare kunde få behov av.

*

När familjen återkom från Junsele, hyrde de bostad än här och än där, men det var inte lätt att bli kvar på samma ställe. Hustrun hade ofta svårt att komma överens med värdfolket och fick nog dessutom utstå ett och annat. På ett ställe skulle torparen/värden, gement kallad "Sparfilt", köra

20

ut hustrun och barnen ur stugan men utan resultat. Då gick han i sitt vredesmod upp på taket i den obetydliga kåk de hyrde och började riva ned muren, som bestod av sten, hopflätat med lerbruk. Men Görans hustru tog eldgaffeln, steg upp i spisen och frågade "Sparfilt" om han hade något han var rädd om, för då skulle han nu akta detta, och då avståndet där han var och dit eldgaffeln nådde var mycket kort, så måste han avstå från vidare våldsåtgärder.

Göran själv var för det mesta ute på arbeten där han murade stenkällare, brände tegel och till och med murade upp mindre boningshus, inte endast i Liden utan även i andra socknar. Eftersom han var från en sydligare provins hade han bättre insikt i många fler göromål än ångermanlänningarna och då i synnerhet att mura stenkällare av gråsten. Det fanns mycket få källare av sten på den tiden, och de som fanns var mycket små och av hällar, vilket täckte en obetydlig yta efter sin storlek och gjorde valvet mycket tjockt och klumpigt. Nu byggde han källare av gråsten, som alltid fanns nära till hands och blev mycket billigare.

Färjstället över Ångermanälven, Nilsåker.

Figur 6 Gammalt vykort. Det var sannolikt här som Göran med familj hamnade och byggde sin första bostad.

21

På sommaren 1818 var han i Resele och byggde en källare – om det var åt prosten eller någon annan är obekant. Då passade han på och gick in till prosten Berlin – Liden lydde på den tiden i kyrkligt hänseende under Resele – och framlade sitt förslag så gott han kunde med ödmjuk anhållan att prosten skulle vara så god och hjälpa honom till den ringa jordlott som fanns mellan allmänna vägen och Lappbäcken vid färjestället i Liden.

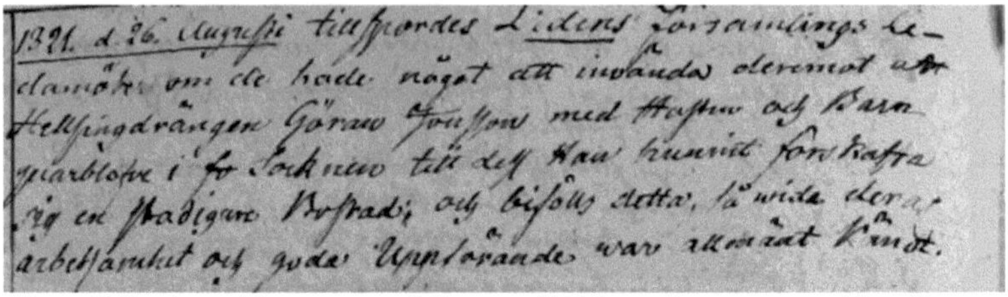
1821 d. 26 Augusti tillfrågades Lidens församlings ledamöter om de hade något att invända deremot att Helsingdrängen Göran Jonsson med Hustru och Barn ... i Socknen till sig ... Han kunnat förskaffa sig en Stadigvarande Bostad; och bifölls detta, då wida deras arbetsamhet och goda Uppförande war allmänt kändt.

Figur 7 Sockenstämman godkänner att Göran Jonsson med familj bosätter sig i socknen 26 augusti 1821

Prosten, som var en klok och hjälpsam man, ansåg att planen hade god grund varför han gav Göran Jonsson skriftlig handling på, att han i prostens återstående livstid skulle få bygga och bo på den ringa jordlott som låg mellan allmänna vägen och den så kallade Lappbäcken vid färjestället. Göran Jonsson var endast 29 år då detta skedde.

På den tiden var brännvinstillverkning tillåten och det fanns brännvin i de flesta gårdar. Det var också i allmänhet så att det dracks mera då än efter förbudet[4]. Men Göran Jonsson var inte större drinkare, åtminstone sedan han kom till Ångermanland, än andra ordentliga arbetare. Nu blev han ofta bjuden då han var ute på arbeten och kom han

---

[4] *Efter politiska kontroverser kring nykterhetsfrågan infördes 1855 ny lagstiftning om framställning och försäljning av brännvin, och skatteuttaget höjdes. Vid denna tidpunkt infördes också en åtskillnad mellan utskänkning, alltså krogverksamhet som serverade brännvin på plats, och så kallad minuthandel.*

1860 förbjöds husbehovsbränningen, och har efter dess inte införts igen.

hem något berusad blev han alltid utskälld, eftersom hans hustru inte tålde att han drack brännvinet. Det hände någon gång då och då att han inte kunde eller ville tacka nej då han blev bjuden, men det var ändå väldigt stor skillnad mot tidigare hemma i Arbrå. Även om han arbetade för att försörja sin familj lyckades han på andra tider och på väldigt kort tid färdigställa en egen gård. Före sommaren 1821 var den färdig och då hade han dessutom skaffat sig en färjebåt.

En händelse som berättas är att komminister Nils Frisendahl skulle gifta sig sommaren 1821. Han bodde på den tiden på södra sidan av älven i Häxmo. Dagarna före bröllopet hade han ett ärende över älven. När han kom med sin båt till norra stranden gömde han årorna, men på återresan sköt han ut båten från land och glömde att plocka fram årorna. Strömmen var stark och han drev i väg, samtidigt som han ropade på hjälp. Göran Jonssons hustru, som var hemma i stugan fick höra hans starka rop på hjälp, och hon skyndade ut, la ut sin egen båt för att fort nog komma honom till hjälp. Hon hann upp pastorn vid den så kallade Plågan, strax ovanför fallet. Nils Frisendahl hade då yttrat att vad skulle blivit om brudgummen hade drunknat och han var evigt tacksam mot Kajsa Greta.

*

Vid den här tiden började äganderätten över skogsskiftena – niporna – att användas, men det Göran behövde var utan värde för de rätta ägarna. Samma var förhållande med det han tog på skogsskiftena och det han kunde tillvarata ur älven. På höstarna for han i båt uppför älven och högg stora mängder av mindre häggar, björkmedar och alla trädkrokar med ovala former, som han hittade. Han tog även björkvidjor och tågor, samt rötter som han tog upp ur jorden.

23

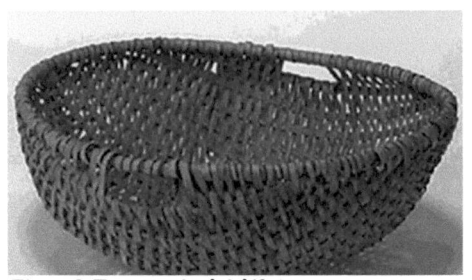

Av dessa råvaror värmde han upp det han behövde i den öppna spisen. Ju varmare han fick dem, desto lättare kunde de upprivas i så kallade "pertor". Han tillverkade olika slags varor

Figur 8 Exempel på kålfat

av allt detta och för det mesta en sorts korgar, som han kallade kålfat. Dessa tillverkade efter ett mått, som rymde en halv tunna, och för varje sådan korg fick han en halv tunna korn. Korghandeln skedde oftast med olika byten eftersom alla hade ont om pengar på den tiden.

Under dessa år i Liden vid färjestället utökades familjen, först med Göran som föddes 23 januari 1818, därefter med Kajsa Greta som föddes 13 september 1820, Erik den 3 december 1822 och slutligen med Per den 26 februari 1825. Kajsa Greta var 43 år när sista barnet föddes, men fortfarande frisk och stark. Förutom att hon skötte hemmet och de sju barnen var det ofta hon som arbeta med att färja personer over älven.

Göran var inte länge på sitt nya hem förrän han uppsatte ladugård, så att han en lång tid av sin levnad kunde hålla sig med en kossa, en mycket god hjälp för en fattig och barnrik familj. På hans tid var det ganska svårt för de fattiga att reda sig. Även för dessa främlingar med sina sju barn var det nog många gånger bekymmersamt, men det gick med idogt arbete. Vid sex – sju års ålder måste barnen sändas ut för att se efter andras barn och valla boskap, och någon skola fanns inte att tillgå. De äldre barnen fick alltid se efter de yngre när föräldrarna arbetade, men tid för att leka fanns det alltid ändå.

KAPITEL 4
BARNEN GÖRANSSON

Äldsta barnet till Göran och Kajsa Greta var ju Lena Helena Göransdotter som föddes i Hänsätter i Arbrå 8 november 1811 och gifte sig 23 oktober 1836 med Per Henriksson, född 5 oktober 1807, från Gammelås inom Lidens socken. De bosatte sig på en egen gård i Stugusjö inom Resele socken. Det var rätt vanlig familj som hade det lika svårt som alla andra den här tiden. Tillsammans fick de fem barn. Först Sara Greta som föddes 1837 och tyvärr dog hon redan i femårsåldern. Därefter Henrik, född 1838, men han blev bara två år. Sedan föddes Sara Katarina född 1841, Margareta Magdalena 1843, Göran Peter 1844, Brita Erika 1846, Henrik 1848 och Jonas 1849 Tyvärr blev föräldrarnas liv väldigt kort när båda makarna omkom genom drunkning den 28 september 1852. I Härnösandsposten stod det följande dagen därpå:

"Enligt rapport från Chronolänsmannen N. Sjödén i Sollefteå under andra marknadsdagen den bedröfliga olyckshändelsen därstädes

inträffat, att färjkarlen Jonas Lindberg i Krånge jemte sex andra perso-
ner, ävensom ett hästkreatur drunknar wid Skerfsta färgställe under
öfverfarten från södra till norra sidan af ån. Olyckan berättas hafwa
blifwit wållad derigenom att, sedan färjan redan warit tillräckligt lastad,
ytterligare flere personer tillkommit mot färjkarlens wilja, hwilka utkomne
på sjön företogo sig att medelst utkastande af en häst lätta färjan,
därwid dock denna kantrade. Af tillstädeskommen hjälp kunde blott 9 af
på färjan warande personer räddas, hwaremot de öfriga omkommo."

En fruktansvärd händelse som naturligtvis påverkade hela släk-
ten och framför allt de sex barnen där den äldste endast var 11 år och
den yngsta knappa 3 år. Det utsågs omedelbart två förmyndare där den
ene var Lena Helenas bror Jonas Göransson och den andre Zachris
Modin i Myre. På den tiden var det socknens fattigvård som skulle ta
hand om dessa föräldralösa barn. Det fungerade på sätt att barnen aukt-
ionerades ut efter tillkännagivande i kyrkan. Auktionen var dessutom en
omvänd auktion, det vill säga att de som bjöd minst fick hand om vård-
naden av barnen. Det belopp man använde var det belopp som fosterfa-
miljen ville ha av socknen per år för att ta hand om barnen. Av tillgäng-
liga protokoll framgår att totalt 149 riksdaler kom de sex barnen att kosta
socknen det första året. Barnen fick inte heller komma till samma famil-
jer, förutom Henrik och Greta. Exakt hur de behandlades och själva på-
verkades av detta är svårt att fastställa men kanske inte så svårt att fö-
reställa sig. Hemmanet med tillhörande inventarier och djur såldes efter
att en bouppteckning fastställts och ny ägare blev Erik Scherdin i
Skärvsta. Vad som egentligen hände med nettobehållningen vid försälj-
ningen – cirka 1,000 riksdaler -, som ju borde tillfalla de sex barnen, går
ej att utreda.

Barnen växte dock upp och de tre flickorna gifte sig och fick
egna barn. Jonas emigrerade till USA, medan både Henrik och Göran
bytte till nya efternamn och gifte sig och fick egna barn.

*

Andra barnet i familjen Göran Jonsson – Jonas - återkommer vi till senare. Sonen Hans Göransson tog sig namnet Lidström och gifte sig med Anna Magdalena Nilsdotter från Långsele. De bosatte sig i Långsele och fick tillsammans hela 17 barn, där de två siste var tvillingar. Sonen Göran Göransson gifte sig med adoptivdottern till Zackarias Lidblom i Lidgatu, Aurora Filipsdotter. Ett av deras barn – Andrietta Helena – gifte sig så småningom med Nils "Nicke" Sjödin, hennes kusin, dvs båda var barnbarn till Göran och Kajsa Greta.

Dottern Kajsa Greta gifte sig med torparen Hans Persson och dom bosatte sig i Ås och fick tillsammans 10 barn. Sonen Erik Göransson blev skräddare och gifte sig först med Brita Stina Hermansdotter och efter hennes död med Anna Stina Hansdotter. Han fick sammanlagt sex barn där endast tre levde till vuxen ålder. Sonen Per Göransson var den som övertog gården och färjestället och vårdade sin mor medan brodern Jonas hjälpte till med betalningen. Per gifte sig med Gertrud Persdotter, broder till Kajsa Gretas man Hans. Dom fick inga barn.

*

Äldste sonen Jonas Göransson, liksom övriga syskon, fick börja tillvaron mycket tidigt. I 6–7-årsåldern fick de en och annan gång plats för att vårda små barn i barnrika hem. När de saknade denna sysselsättning borta, fanns det, åtminstone för de äldre barnen, liknande sysselsättning i hemmet. Efter denna period fick Jonas vallhjonstjänst om somrarna, då lönen utgjordes av en vadmalsklänning, som skulle räcka hela året. Under vintrarna fick han vara hemma och hjälpa till med vedhuggning och att bära in veden, även att bära upp vatten från älven. Under dessa vintrar fick han också lära sig att läsa innantill och lära sig katekesen utantill. Hans moder var tämligen duktig att lära ut och hon höll styvt på att barnen skulle lära sig att läsa.

Sommaren 1823 var Jonas vallhjon i Omsjö och han och drängen skulle denna dag lägga ut eller ta upp nät i Storsjön. Medan

27

Jonas stod i båten gjorde drängen, oförståndigt nog, om än på lek, en hård sväng på båten med årorna så att Jonas föll baklänges huvudstupa i sjön. Endast tack vare sin simkunnighet kunde han räddas.

Sommaren 1825 var han vallhjon, han var då 12 år gammal, hos hemmansägaren Hans Persson i Näsåker. På hösten, sedan han lämnat tjänsten och kommit hem, den 7 november på kvällen, kom hans förra husbonde Hans Persson och dennes svåger Hans Zachrisson i Sörmoflo hem till familjen. De var båda två tydligt onyktra och undrade hur isförhållandena var i älven. Anledningen var att Persson skulle hjälpa sin svåger med häst och lass över älven och det fanns bara en flotte tillgänglig. Innan de gick ned till älven sa Persson till sitt före detta vallhjon: *"Nu skall lilldrängen min följa mig i båten, medan jag ror flotten över älven."* Jonas var genast villig, men då sa hans mor ett obevekligt nej, och så blev det också.

Häst och åkdon fördes ned på flotten och Zachrisson höll i sin häst medan Hans Persson rodde. När de kommit till motsatta stranden och skulle stiga ur, halkade Persson och föll emot båten, som kantrade. När flotten av farten stötte mot iskanten, var hästen redan så förskräckt att den slet sig och hoppade i land för att genast springa hem till Sörmoflo. Hans Persson låg då redan i vattnet och ropade på hjälp. Hans Zachrisson stod kvar på flotten, som gled ut i älven. Eftersom han kände till älven, stod han kvar tills flotten hade passerat Lappbäcken, där det var mindre djupt och där vågade han sig ner i vattnet. Där stod han nu med rocken på och vattnet under armarna, men kunde inte själv ta sig upp på isen. Tack vare hans förtvivlade rop på hjälp skyndade folk till och hjälpte honom på det torra. Efter det gick folket efter älven ända ned till forsen för att leta efter Hans Persson, men han var och förblev borta. Hade inte modern förbjudit Jonas, kunde det ha gått lika illa för honom.

28

På detta sätt tillbringades tiden tills Jonas nådde 13 till 14 års ålder, då han blev skräddarlärling. I detta yrke fick de på den tiden mycket långa dagar, medan betalningen var låg trots arbete från 6 på morgonen till 10 på kvällarna. Oftast satt de i oisolerade byggnader utan värme och med enkla fönster. Vintertid innebar det att fönsterna hade gardiner av is, som vid blidväder smälte och det blev stora vattenpussar på golvet. Även nätterna fick eleverna sova i ouppvärmda rum och belysningen bestod av ett enda ljus – en talgdank [5] – som sattes på bordshörnet för att ge två eller tre man den enda belysningen.

Figur 9 Färjestället, men bilden tagen vid betydligt senare tillfälle.

---

[5] *Talgdank var ett ljus tillverkat av animaliskt fett. Vid slakt togs allt fett tillvara och kokades. En talgdank var ett talgljus av sämre kvalitet*

29

Det var ingen skillnad mellan mästaren och lärpojkarna än att mästaren hade mer och varmare kläder och därigenom bättre kunde motstå kylan. Det värsta var att läsningen i allmänhet försummades för lärlingarna, eftersom det endast på söndagarna fanns tid för detta. Men Jonas var lite ovanlig eftersom han hade lärt sig och läsa och lärde sig under den här tiden även att skriva, vilket hörde till ovanligheterna. Även om Jonas var snabb på att lära sig och rätt snabbt kunde behärska skräddaryrket tog det ändå flera år innan han blev självständig skräddare.

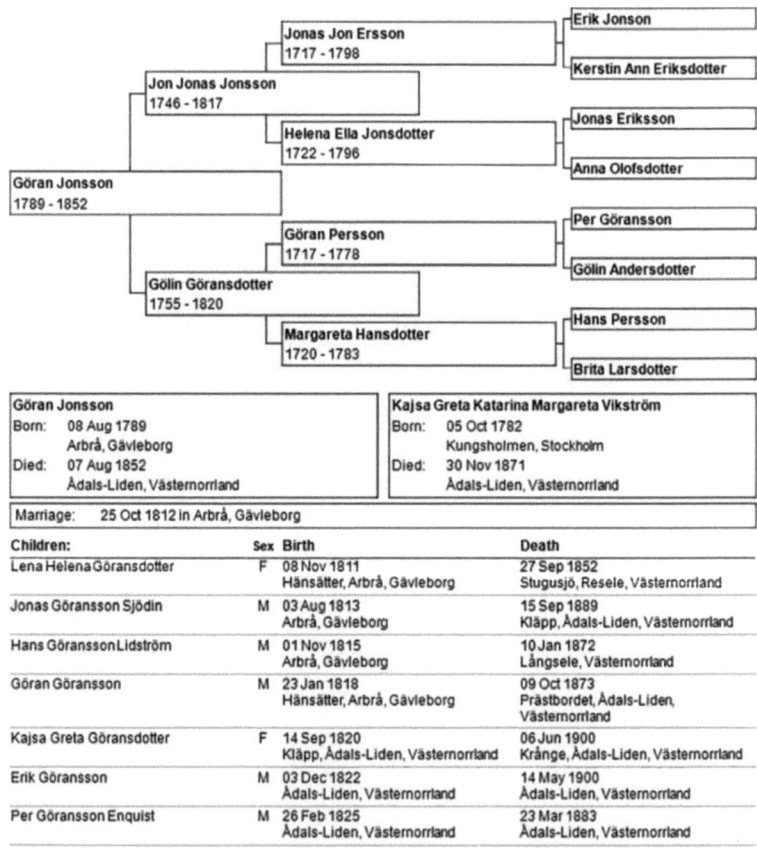

		Jonas Jon Ersson 1717-1798	Erik Jonson
	Jon Jonas Jonsson 1746-1817		Kerstin Ann Eriksdotter
		Helena Ella Jonsdotter 1722-1796	Jonas Eriksson
Göran Jonsson 1789-1852			Anna Olofsdotter
		Göran Persson 1717-1778	Per Göransson
	Gölin Göransdotter 1755-1820		Gölin Andersdotter
		Margareta Hansdotter 1720-1783	Hans Persson
			Brita Larsdotter

Göran Jonsson		Kajsa Greta Katarina Margareta Vikström	
Born:	08 Aug 1789 Arbrå, Gävleborg	Born:	05 Oct 1782 Kungsholmen, Stockholm
Died:	07 Aug 1852 Ådals-Liden, Västernorrland	Died:	30 Nov 1871 Ådals-Liden, Västernorrland

Marriage: 25 Oct 1812 in Arbrå, Gävleborg

Children:	Sex	Birth	Death
Lena Helena Göransdotter	F	08 Nov 1811 Hänsätter, Arbrå, Gävleborg	27 Sep 1852 Stugusjö, Resele, Västernorrland
Jonas Göransson Sjödin	M	03 Aug 1813 Arbrå, Gävleborg	15 Sep 1889 Kläpp, Ådals-Liden, Västernorrland
Hans Göransson Lidström	M	01 Nov 1815 Arbrå, Gävleborg	10 Jan 1872 Långsele, Västernorrland
Göran Göransson	M	23 Jan 1818 Hänsätter, Arbrå, Gävleborg	09 Oct 1873 Prästbordet, Ådals-Liden, Västernorrland
Kajsa Greta Göransdotter	F	14 Sep 1820 Kläpp, Ådals-Liden, Västernorrland	06 Jun 1900 Krånge, Ådals-Liden, Västernorrland
Erik Göransson	M	03 Dec 1822 Ådals-Liden, Västernorrland	14 May 1900 Ådals-Liden, Västernorrland
Per Göransson Enquist	M	26 Feb 1825 Ådals-Liden, Västernorrland	23 Mar 1883 Ådals-Liden, Västernorrland

Figur 10 Släktträd för Göran Jonsson med reservation för de äldre personernas datum och namn som varierar i kyrkböckerna

KAPITEL 5

JONAS GÖRANSSON

Vid tjugo års ålder hade Jonas Göransson genom arbete och tack vare sin sparvilja och god hushållning inte enbart skaffat sig full uppsättning av kläder, han hade även spara 100 Riksdaler Banco[6]. Etthundra Riksdaler Banko är en summa som i början av 1830 var det någonting högst ovanligt. Med denna kassa i fickan begav han sig på våren 1834, då han endast var 20½ år gammal, på resa till Stockholm. Vid ungefär samma tid började Jonas att använda sig av efternamnet Sjödin, ett namn som är obekant varifrån han fått. Att man tog sig andra namn, än det vanliga

---

[6] *Från år 1808 fanns det tre sorters riksdaler: riksdaler specie (d.v.s. i silver), riksdaler i Riksbankens sedlar eller riksdaler banco och riksdaler i Riksgäldskontorets sedlar eller riksdaler riksgäld. Från år 1830 gäller följande kurser: 1 riksdaler specie = 2 2/3 riksdaler banco = 4 riksdaler riksgäld. Mynt med valörer i riksdaler specie ersätts av riksdaler riksmynt och öresmynt 1855. År 1873 ersätts riksdaler riksmynt med kronor i samband med den nya myntreformen.*

sonnamnet efter fadern, var inte direkt ovanligt, men oftast blev det då namn med anknytning till byn eller socknen man växte upp i. I Liden var det till exempel vanligt med namn som Lidström, Lidberg och även Lidén, men Jonas började nu kalla sig för Jonas Sjödin.

Före ångbåtars och järnvägens tid innebar det att han gick till fots ner till Eds socken, där han gick ombord på en brädflotte - som då var vanlig – och flöt på den ner till Hammar, där flottarna stannade. Sedan gick han eller fick följa någon så kallad haxe [7] återstående delen av resan nedför älven. Så småningom kom han till Härnösand där det blev nya problem, det vill säga skulle han betala för en båtbiljett eller skulle han försöka sig på ett annat sätt. Nu var ju Jonas en oförsiktig och företagsam gosse som gick runt bland skutorna och frågade sig fram. På det sättet lyckades han få följa med ett fartyg, som ägdes av grosshandlaren Norrbom i Härnösand, som skulle segla till Stockholm. Villkoret var att han skulle vara med och lasta och på resan hjälpa till med vad han kunde, men han skulle vara fri efter framkomsten till Stockholm. Detta var av stort intresse för Jonas som såg det som intressant och spännande, men nu blev inte denna resa lika enkel som han hade föreställt sig.

Det blev storm och motvind och fartyget kastades från den ena vågen till den andra och hade mycket svårt att klara sjöarna. Besättningen slet ont. Till en början var det ändå drägligt, men till slut började seglen blåsa sönder och skutan läckte våldsamt, så de måste använda båda pumparna. Flera blev sjösjuka, men inte nog med det, provianten

---

[7] *Haxe är benämning på ett litet och flatbottnat bruksfartyg för kustsjöfart, riggad som galeas, Termen haxe används främst i norrländska dialekter. Namnet haxe kommer från ett ålderdomligt ord för skuta, eller mindre fartyg. Haxen användes främst för frakt, men också för fiske, utefter Norrlandskusten. Den kunde transportera upp till 30 personer och användes till exempel av gävlefiskarena vid flyttning till och från sommarfiskeorter i Ångermanland*

började även tryta och på grund av stormen och strömsättningarna hade skepparen förlorat kursen. Men då nöden var som störst och man såg land, började vinden att avta och man såg och kunde närma sig ett annat fartyg, som visade sig vara en finsk skuta. Seglingen hade alltså fört skeppet till den finska kusten, men nu blev det stadig, ostlig vind, sjöarna börja lägga sig och skutan upphörde att läcka, varför seglatsen blev som innan stormen, med undantag för att man befann sig långt från ursprungliga kursen.

Året då koleran
drabbade Stockholm

Figur 11 Symbolen för koleraepidemin i Stockholm

Efter denna långa segeltur kom man fram till Stockholm, där nya svårigheter väntade. Under detta år, dvs 1834, härjade koleran [8]i Stockholm och myndigheterna hade förbjudit folk att landstiga och ingen fick gå ombord på ankommande fartyg. Skutan låg på Strömmen utan proviant med en besättning som var både brödlös och rådlös. Trots detta lyckades Jonas en kväll få en roddbåt som passerade skeppet att lägga till vid skutan och ro honom i land. Nu var han för allra första gången i Stockholm, men i en tid som var utomordentligt besvärlig. Tanken med resan var antingen att komplettera sina kunskaper inom skrädderiyrket eller att gå till sjöss. Den resa han just överlevt hade gjort att detta med sjöyrket var det sista han kunde tänka sig. Med tanke

---

[8] *Kolera är en smittsam tarmsjukdom som orsakas av bakterie, vilket resulterar i att tarmens celler börjar utsöndra elektrolyter med vilka vatten dras med. Sjukdomen kan inom några få timmar eller dagar ge våldsamma kräkningar och diarréer som kan leda till döden. 1834 drabbade koleran Stockholm med en förödande kraft. Av stadens 80 000 invånare insjuknade eller dog tusentals människor under bara några höstveckor. De flesta var fattiga och detta faktum bidrog till den stora oro som spred sig i samhället.*

på situationen i Stockholm med kolera blev inte heller detta med skrädderiutbildning något alternativ. Han bestämde sig i stället för att åka hem igen. Han hade dessutom före resan blivit bekant med en flicka som förhoppningsvis skulle bli hans framtida hustru och han kände därför en större längtan hem än han annars skulle ha gjort.

I flera dagar gick han och grubblade hur han skulle komma hem och en dag upptäckte han ett hus där mycket folk kom och gick. Det var den så kallade Assistansen [9]han kom till, där det vissa dagar hölls auktion, bland annat på kläder, antagligen mest efter avlidna, men även så gått som oslitna militärkläder. Han började därför i större skala att bjuda mycket obetydligt på dessa kläder så att han till sist köpte sig en stor packe med kläder. När sjukdomen i Stockholm avtog kunde skeppet han kom med, komma in till hamnen och lossa lasten och få en ny sådan. Jonas återvände då till kaptenen med anhållan om att få göra hemresan på samma villkor som utresan, vilket även denna gång lyckades.

Hemresan gick på samma sätt som nedresan men utan storm och när han kom till Härnösand skaffade han skjuts för alla de kläder han köpt. Själv tog han sig med hjälp av båt upp till Sollefteå varifrån han gick till fots till Liden.

*

Väl hemma började han att arbeta i skrädderiyrket, mera nöjd med tillvaron än före utresan. Genom att sprätta upp och sy om de kläder som han köpt i Stockholm fick han nu en större kunskap i skrädderiyrket och blev en duktig skräddare som ofta anlitades i socknen.

---

[9] *Det går inte att hitta något om "Assistansen" i Stockholm, men under 1800-talet var det vanligt med auktioner, bland annat av dödsbon och kläder, vilket kan ha varit ställets huvudsyfte.*

Omkring ett år efter Stockholmsresan arbetade Johan som skräddare och den 11 oktober 1835 gifte han sig med de flicka han tidigare hade blivit så fäst vid. Flickan var bonddottern Lena Brita Jacobsdotter från Lidgatu. Lena Brita var född 12 april 1812 och hon kom från en familj som i flera generationer varit hemmansägare i Lidgatu.

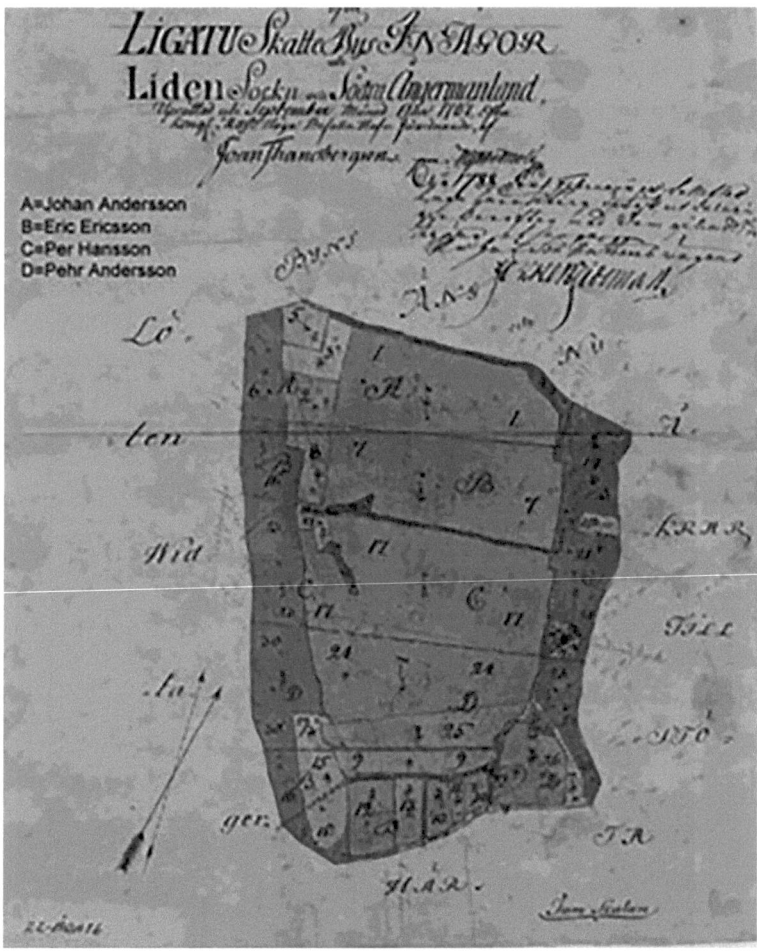

Figur 12 Lidgatu med dess fyra gårdar år 1707

Lidgatu hade vid 1700-talets början fyra stamhemman och i Gustav Vasas jordeböcker finner vi, att på hemmanet nr 1 i Lidgatu satt

35

den av ålder bräcklige nämndemannen Mauritz Michelsson och i hemmanet nr 2, som samtidigt utgjorde församlingens prästgård, satt som ägare prästen Erik Henriksson Hauffman. Hemmanet nr 3 ägdes av länsmannen Hans Pehrson från Holme, som varit båtsman för Holme by. Hemmanet nr 4 ägdes av en annan före detta båtsman, Anders Stephansson med tillnamnet Sandman.

Vid den här tiden, dvs 1835, bodde Zackarias Lidblom med hustru Anna Magdlena Persdotter på hemmanet nummer 1. Zackarias var klockare och tjänstgjorde som kronolänsman. På hemmanet 2 bodde bröderna Pehr och Henrik Eriksson. Per var gift med Greta Margareta Eriksdotter och Henrik var gift med Dordi Hansdotter. Hemmanet 3 ägdes av Per Persson som var gift med Sara Zackrisdotter. Lena Brita växte upp på hemmanet nummer 4, som då ägdes av Jacob Person. Han var gift med Stina Hansdotter från Moflo och de fick 12 barn där tre av dem tyvärr dog redan första levnadsåret. Lena Brita var deras 7:e barn.

KAPITEL 6

FAMILJEN JONAS SJÖDIN

Jonas och Lena Brita gjorde som sina föräldrar, de ingick äktenskapet i saknad av eget hem, men i övrigt skilda förhållanden. Sjödin var en nykter och god hantverkare och liknade sin fader i sparsamhet. Hans hustru var likaledes både arbetsam och hushållsaktig. Bara två månader efter giftermålet – 26 december 1835 - födde Lena Brita en son, som fick namnet Hans Jakob.

Till en början fick även de hyra in sig hos andra och livnära sig av vad han förtjänade som skräddare. Med denna tillvaro kände han sig inte tillfredsställd, varför han köpte sig ett torp av Filip Jonsson i Forsås. Där uppsatte han en egen gård, eftersom torpet saknade byggnader. Under den sommaren medan han timrade och inredde boningshuset, hyrde de hus hos föräldrarna vid färjestället, eftersom torpet låg nära till på andra sidan älven.

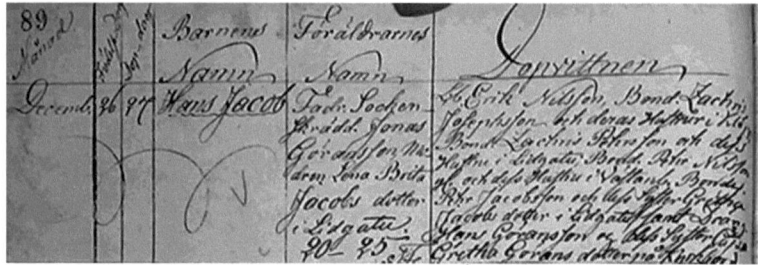

Figur 13 Hans Jakobs födelse i kyrkboken Ådals-Liden (Y) C:2

Lena Brita var inte tillfreds med att bo tillsammans med svärmodern, varför arbete med bygget måste forceras. Jonas hade visserligen skaffat sig diverse byggnadsvirke, men det låg nere vid älven och hästarna var på bete långt upp i skogen. Torpet låg högt uppe på berget och saknade körväg så Jonas måste själv bära virket på sina axlar till torpet. Hustrun gick dit upp om det var något som hon kunde göra. Hon hjälpte honom att hyvla och spänta golvbrädorna i köket och när trossfyllningen var färdig och halva golvet inlagt, flyttades sängen in och så småningom hade de ett eget hem före vinterns ankomst.

*

Familjen bodde där i två års tid, men de trivdes inte varför Jonas försökte sälja och köpa något annat. Hemmansägaren hade börjat inse att hans barn börjat bli vuxna och ville därför återköpa torpet och Jonas fick det sålt med obetydlig förtjänst. Som ny bostad köpte han ett bebyggt torp i Norrnäs by i Edsele socken. Inte heller här var han och

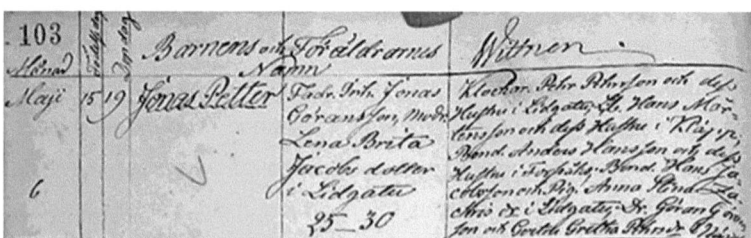

Figur 14 Jonas Petter föds 1839-05-15 (från kyrkboken Ådals-Liden (Y) C:2)

familjen belåten med tillvaron varför de bara stannade där i ytterligare två år.

I samband med att sonen Jonas Petter föddes den 15 maj 1839 hade familjen även sålt sitt torp i Norrnäs och hyrde tillfälligt bostad hos svärföräldrarna i Lidgatu. På våren 1840 arrenderade Jonas, av den så kallade stomjorden, 3½ seland [10]i Gamås på tre års arrende. Vid tillfället hade de varit gifta i 4½ år. Familjen hade under dessa år kunnat spara ihop så pass mycket pengar att de köpa sig en häst och tre kor. De köpte dessutom jordbruksredskap och husgeråd så att de kunde fungera som jordbrukare. Familjen fick även sitt tredje barn – Erik Georg – i slutet av 1840, närmare bestämt den 8 december.

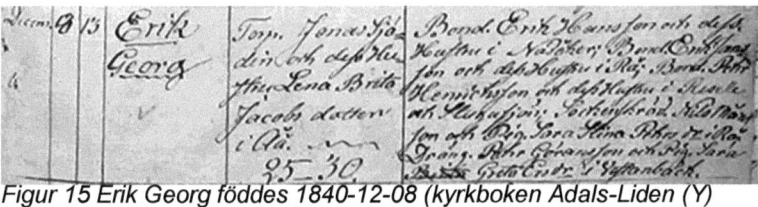

Figur 15 Erik Georg föddes 1840-12-08 (kyrkboken Ådals-Liden (Y) C:2)

*

Under denna tid hade hustrun fått ärva utlösen ur barndomshemmet med 150 kronor. Detta hände i samband med att Lena Britas mor – Christina Hansdotter - avled den 18 april 1840. Dödsorsaken är inte känd, men hon blev bara 61 år och sörjdes av make, samt åtta barn. Lena Brita hade ju 8 levande syskon, fem systrar och tre bröder. Den äldsta brodern Hans övertog hemmanet efter föräldrarna, vilket var det vanliga vid den här tiden. Hans var då förlovad med Barbro Eriksdotter från Omsjö. De gifte sig 27 mars 1841 och tog sig namnet Lidholm. Den 14 december samma år föddes sonen Erik Jakob. Hennes bror Per

---

[10] *Seland var ett äldre ytmått som angav dels hur stor jordareal som besåddes och speciellt i Ångermanland beteckning jordegendoms kamerala storlek – skattetal, motsvarande 1/24 mantal*

39

arbetade som dräng, men gifte sig 1843 med Kajsa Greta Abrahamsdotter från Häxmo och de bosatte sig i Rå. Hemma bodde endast brodern Jakob, som var sjuk i cancer, eller kräfta som det hette på den tiden, och han avled redan året därpå, det vill säga 27 juli 1841.

Alla hennes systrar var gifta och hade flyttat hemifrån. Äldsta systern Sara hade gift sig med Erik Nilsson från Jansjö där de var bosatta. Systern Christina var gift med Johan Persson och de bodde i Näs inom Helgums socken. Systern Barbro som gifte sig med Israel Hellholm dog tyvärr redan som 24-åring den 9 maj 1828. Systern Margareta gifte sig med Hans Mårtensson, som tragiskt nog tog sitt eget liv och hängde sig i en lada 1867. Två av systrarna var gifta med hemmansägare i Näsåker. Den ene – Anna Magdalena – var gift med Zackris Josefsson som hade sitt hemman i Kläpp. Den andre – Margareta – var gift med Hans Mårtensson som var bonde på den så kallade Kyrkostomjorden i Näsåker. Detta med Kyrkostomjord var tämligen oklart, men i praktiken innebar det att kyrkan stod som ägare, medan en bonde åtog sig att sköta jorden och betalde skatter och andra avgifter som hörde till markägandet. På motsvarande sätt fanns även så kallade kronohemman, där det var staten som stod för ägandet medan en bonde skötte om själva jordbruket. Att köpa och sälja dessa hemman var ofta väldigt komplicerat och inte alldeles självklara lagar styrde dessa affärer.

*

Första åren Sjödin var gift och saknade jordbruk gick han i gårdarna och sydde kläder. I gårdarna fanns oftast endast ett gemensamt rum – köket – där hushållet och skräddaren bodde och hade sin verksamhet. Av den anledningen var de ofta och särskilt om kvällarna samlade och då pratades om händelser i socknen, om dagshändelserna och göromålen i allmänhet. Vid ett sådant tillfälle i Ås by kom man att prata om hur stor börda man kunde bära till kvarnen. Födorådsgumman – kallad Abrams Sara – yttrade att hennes avlidne man i unga år bar en havtunna korn eller råg till kvarnen utan att vila. Då yttrade sig även Jonas och trodde

40

sig kunna göra samma sak. Det blev protester mot detta med hänvisning att en skräddare torde vara okunnig om vilken ansträngning det var. Abrams Sara sa då: "Om du ville och kunde göra detta, skulle jag skänka dig ¼ tunna korn."

Morgonen därpå tog Jonas en rågtunna och i sällskap med ett medföljande vittne gick han till kvarnen utan att visa några tecken till trötthet eller ansträngning och Sara sände ¼ tunna korn till Sjödins bostad. Detta är berättat av Sjödins hustru och är därför sann och anger bara hur stor och stark Jonas var.

*

Under åren 1841 och 1842 kom Jonas Sjödin att förhandla om ett köp av ett hemman i Kläpp, som då kom att påverka förhållandet till hans svågrar, Zachris Josefsson och Hans Mårtensson. Säljaren av hemmanet i Kläpp var en man vid namn Per Hansson och hans ekonomi började krångla, varför han hade kommit på tanken att sälja Kläpp och i stället köpa ett hemman längre norrut. Han hade hört att hemman i norra Ångermanland både var billigare och bättre. Spekulanterna på Per Hansson hemman var Hans Mårtensson och Zachris Josefsson, med tanken att Hans skulle komma åt hemmanet och Zachris i hemlighet skulle hjälpa honom att genomföra köpet. Per Hansson ville ha 1,500 Riksdaler, som de till en början ansåg vara för mycket, men till sist var de eniga och bestämde sig. Eftersom ingen skrivkunnig fanns närvarande, handslog de om att köpet var avslutat.

Av denna anledning begav sig Per Hansson i väg till norra Ångermanland för att höra sig för om ett hemman, och där fanns det många hemman till salu. Han hade sannolikt bara tänkt sig att bara undersöka olika hemman, men säljarna var inte villiga att ge honom alla detaljer förrän han hade undertecknat köpeavtalet, varför det blev så att han hade skrivit under ett hemmansköp när han kom tillbaka. Köpet hade nog kostat honom mer än han hade tänkt och han försökte därför att göra om det muntliga avtalet med Hans Persson och Zachris Josefsson, medan de å sin sida ansåg sig ha kommit överens om för hög summa. Nu ville de endast betala 1,200 Riksdaler för hemmanet. Ingen annan köpare fanns vid detta tillfälle och eftersom Hans nu hade två hemman fick han sin bror Hans Hansson Näslund att arrendera hemmanet i Kläpp under 1841, medan han själv flyttade till Nätra och sitt nya hemman.

Under året kom han så i så svår ekonomisk knipa, att han ännu en gång tvingades återvända till Liden med hopp om att kunna förmå köparna att hålla avtalet. Det var Hans och Zachris inte intresserade av och Per kom då på att träffa Jonas Sjödin för att fråga om han var intresserad av hemmanet. Jonas som vid detta tillfälle kände till hela bakgrunden och förstod att hans svågrar var intresserade men enbart ville pressa priset, svarade först att han inte kunde köpa eftersom han var fattig och att Per i stället borde fråga svågrarna. Per var så angelägen att få hemmanet sålt så han föreslog att om Jonas kunde skaffa sig säkerhet för köpesumman skulle han få köpa hemmanet för 1,350 Riksdaler. Jonas for därför i väg till Per Hansson den äldre i Moflo och Erik Bergfors i Holaforsen för att de skulle gå i borgen för köpet, vilket de ställde upp på. Detta resulterade i att Jonas Sjödin blev ägare till hemmanet i Kläpp, som tidigare hade ägts av Per Hansson och Per klarade sig från lagsökning åtminstone denna gång.

Hemmanet som svågern Mårtensson arrenderade låg granne med svågern Josefssons, så att skiftena låg sida vid sida över en halv mil i skogen. Josefsson hade för det mesta svågern till hjälp med timmerhuggning, timmer- och brädforsling, och hans brädstapel höjdes mer för varje år, varför rykten började cirkulera att prästskogen nog hade hjälpt till att höja brädstapeln. Mårtensson svarade bara: *"A Greta käringa ä brästapla min"*. Han ville därmed ha sagt att hans hustru även bidrog till husets intäkter.

Sjödin var nu rätte innehavaren av hemmanet, men inte rätte ägare, eftersom det fanns så kallad bördsrätt [11]på den tiden, varför det var mycket krångel för att erhålla laga fastebrev på förvärvat fång, det vill säga motsvarande att få lagfart idag. Tingen hölls i Sollefteå två gånger om året och området för dessa ting sträckte sig från och med Ytterlännäs till och med Tåsjö socknar. När en köpehandling behandlades, utfärdade rätten ett protokoll, där handlingen i sin helhet ordagrant fanns med. Detta kallades för första uppbudet och detta uppbud skulle läsas från predikstolarna i alla tingslagets kyrkor. Likadant var det på andra och tredje uppbudet, vilket innebar att det tog minst ett år innan något hände. Därefter skulle bördsrättsinnehavaren klandra köpet, det vill säga stämma den nya ägaren på börd om bättre rätt eller bördsrätt. Om ingen hade stämt den nya ägaren, så utfärdade rätten laga fastebrev.

Sjödin erhöll till sist fastebrev och var därefter rätte ägare till hemmanet. Det hade nog under tiden varit fråga om börd, men även i detta fall var lagen mycket krånglig, eftersom berörda måste avlägga ed på, att han inte till någon annan fick sälja det han bördat och bördsumman skulle erläggas kontant med Sveriges Rikes banks sedlar. Denna krångliga lag ersattes av en någon enklare sådan 1857, samt ännu en justering 1863.

*

Från denna tidsperiod fanns det så kallade original bland befolkningen och en berättelse om Stor-Ante fick Jonas berättad för sig, från släktingarna i Lidgatu. Det är med andra ord inte en säker historiebeskrivning, men ändå något som kan vara värt att nämnas och därför nedtecknades av JP Sjödin i sin bok.

---

[11] *Bördsrätt innebar företrädesrätt för någons äkta arvtagare med särskilt lösningsrätt till såld eller pantsatt fast egendom, som till exempel jordegendom, men med vissa förbehåll och inom rätt upp- eller nedstigande led inom minst fjärde led efter civil släkträkning.*

43

Han kallades för Stor-Ante, men hette egentligen Anders och var född 1762. Han var en stor man, över 1,80 samt frisk och stark, men mycket svag till sina sinnen. Han var son till hemmansägaren Per Andersson i Lidgatu. På gamla dagar lämnade Per hemmanet till yngre sonen Jacob, som förband sig att lämna Anders födoråd på livstid. Jacob Persson är JP Sjödins morfar.

Vid samma tid fanns även en lika svagsint man i Rå som var född 1760 och kallades i dagligt tal för "Erik-Sävrings-Ecke". Hans föräldrar hade på samma sätt vi överlåtelsen av hemmanet till sonen Nils Ersson förbehållit födoråd till Erik. Bådas framtid var med andra ord betryggad.

Såväl Stor-Ante som Erik-Sävrings-Ecke ansåg sig själva som fullt kloka och iakttog vid alla tillfällen den andres dårskaper. Det var kanske inte vanligt att två svagsinta personer hade samma egenskaper, men så var det i det här fallet eftersom båda två fann stort nöje av att gå i kyrkan, trots att ingen av dem begrep vad som förkunnades.

De tyckte dessutom mycket om att få utföra ringningen till gudstjänsten. Det var stapeln vid gamla kyrkan, som ringningen, efter tecken från kyrkvaktaren Måns Månsson, verkställdes. De försökte på alla möjliga sätt att förekomma varandra med ringningen. Den som kom först, fick ringa för dagen, och den andre störde inte den förste. På detta höll de mycket strängt, varför det hände flera gånger att den förste fick stå vid kyrkstapeln ända upp till en timme innan ringningen skulle genomföras. Under väntetiden blev det ofta en samling ungdomar som var där för att driva gäck med dem. Det blev de till slut så vana vid att de inte längre brydde sig om ungdomarna som aldrig gick till handgripligheter utan bara försökte reta upp Stor-Ante eller Erik-Sävrings-Ecke.

Stor-Antes bror, hemmansägaren Jacob Persson, var även han storväxt och som till och med Stor-Ante var tvungen att böja sig för. Vissa gånger var Ante så besvärlig i familjen att Jacob måste tillkallas.

Men då han kom då gick Ante ut och upp på loftet, där han sommartid hade sin sovplats. Han brukade då slå emot knuten och ropa: *"Jag är int rädd för Jackä jäg"*. Om då Jacke gick in efter honom för att ytterligare lugna honom kunde han springa in och sätta sig lugnt och stilla som om ingenting hade hänt.

En vinterkväll hände det att det blev en eldsvåda i byn. Stor-Ante hade varit ute och sett att det brann. Han kom in men sa ingenting om det. Strax efteråt kom det bud till gården om eldsvådan. Man frågade då Ante, om han hade sett att brann hos Henriks. På detta svarade han att nog hade han sett att det brann men han trodde att var i en annan gård och då tyckte han inte det var något att berätta.

Jacob Persson hade många barn, mest döttrar. Dessa var många gånger tvungna att be farbrodern Ante att hjälpa till med allehanda husliga göromål. Man Ante var alltid trög och ville inte hjälpa till. Han kunde möjligen lockas till ett arbete, men aldrig drivas till det. En gång berättas det att han skulle hjälpa till med att dra hem vatten och när de tjatat tillräckligt sa han i ilskan: *"Gå och börja och ös i, jag kommer efter med karet."* När de började att skratta åt honom förstod han sitt misstag och gick raskt i väg med karet.

När hö skulle hemforslas från ladorna drog Stor-Ante alltid skrindan eller långkälken. På hemvägen skulle flickorna skjuta på. Det var han mycket noga med. Han började aldrig dra förrän han såg att flickorna var redo att hjälpa till. När man kommit en bit på vägen så hoppade flickorna oftast på så att Ante fick dra både hölasset och flickorna. Det gick hur bra som helst bara han inte fick se dem.

Under Stor-Antes livstid levde en flicka vid namn Karin i Helgums socken, som i allmänhet kallades för "Lapp-Kasse". Hon gick omkring i gårdarna och spådde folk. Då hon hade förmågan att förutsäga händelser, som sedan inträffade, var hon välkommen i många hem och särskilt där det fanns flickor. Med dem skämtade hon och spådde dem fästmän så fort de bjudit henne något ätbart. Då hon en gång var hos Jacob Persson föreslog någon att hon skulle spå Stor-Ante. Hon ville då spå honom på allvar, men efteråt ville hon inte tala om vad hon hade sett i sin spådom. Till sist sa Jacob Persson hustru: "*att beträffande Stor-Ante kunde det väl inte finnas något som hon behövde dölja*" På detta svarade hon: "*Om ni så vill kan jag säga er att Stor-Ante kommer att drunkna.*" Då svarade gumman: "*Eftersom hans resor numera till största delen ligger mellan sängen och fällbänken, där han nu sitter, torde anledningen till sådan olycka inte finnas.*"

Stor-Ante hade sedan många år tröttnat på ringningen i kyrkan, men han behöll lusten att gå till gudstjänsten. Då han ofta bar sig enfaldigt åt under vägen till eller från kyrkan ville han nu på gamla dagar, när han inte fick sällskap, hellre vara hemma. En söndag hade Jakob sagt till honom att stanna hemma och då brukade Ante även göra som Jakob sagt. Men den här söndagen så smög sig Ante ändå i väg till kyrkan. Efter gudstjänsten smög han sig ut före de andra för att inte visa sig och tog vägen från Näsåker ned till älven och vidare över slåtterängarna, tills han i en stark sluttning kom till en hage som han måste klättra över. Stor, gammal och ovig som han var ramlade han över en stör och föll i backen och rullade utför slänten ned i älven där han drunknade. Han återfanns så småningom i Eds socken där han även begravdes. Han var 69 år vid sin död och att Lapp-Kasse hade haft rätt i sin spådom blev ett samtalsämne lång tid framöver.

KAPITEL 7

HEMMANET KLÄPP

Eftersom Jonas Sjödin hade två ställen att sköta 1842 hade han lejt både dräng och piga, men 1843 hade han endast dräng, för att året därpå både dräng och piga och 1845 endast piga för att 1847 endast en dräng. Under denna tid blev barnen hårt ansatta i förhållande till sin ålder, och efterhand som de blev äldre blev det mer och mer tryck och ofta när barnen kom tillsammans med andra barn fick de höra att de var fattiga och från Hälsingland, de kunde till och med få höra uppmaningen "dra till Hälsingland". När det var något ärende till morbror Mårtensson vill de gärna gå, eftersom moster Greta var mycket vänligt stämd mot systerbarnen. Själv var hon barnlös. Att föräldrarna själva gick som trälar behöver knappast nämnas, eftersom inga föräldrar torde vara angelägna att plåga barnen och själva dra sig undan.

I slutet av 1842 – den 22 december – föddes familjens första, och visade det sig, enda flicka. Hon fick namnet Katarina Helena och blev naturligtvis brödernas kelgris. De första åren blev det kanske i första hand Hans som skötte om henne, men även JP och Georg fick hjälpa till så ofta de kunde, speciellt eftersom modern fick sköta djuren och stor del av jordbruket.

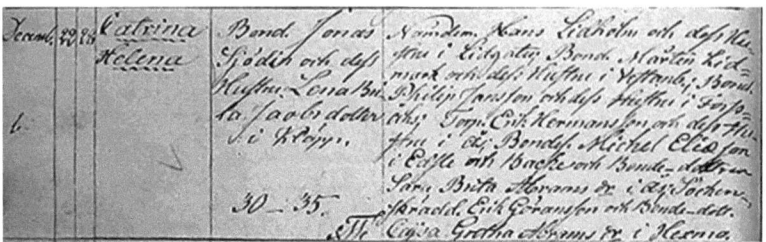

Figur 16 Catrina Helena föddes 1842-12-22 (kyrkboken Ådals-Liden (Y) C:2)

Hemmanet i Kläpp var beläget i en utkant av byn med oskiftade ägor, så att Jonas knappast kunde göras mer än så och skörda, som hans företrädare gjort. Dessutom var de årligen hotade med delning, det vill säga laga skifte som kunde innebära stora förändringar av den mark som man kunde bruka och äga. Kläpps ägor hade av ålder varit en del av Näsåker, men genom utflyttningar hade två hemman blivit förlagda dit. Övriga ägor innehades av byamännen.

Ett laga skifte innebar att en utomstående lantmätare först antecknade vilka områden som varje bonde ägde och fördelade detta efter olika principer beroende på om det var åker, äng eller skog. Syftet var att lantmätaren därefter, med alla inblandade bönders önskemål, sammanförde all dessa områden till, vid idealfallet, en plats. Den som fick sin andel i den sämre jorden fick då i motsvarande grad mer mark och vice versa. Det samlade värdet av hemmanet före och efter skiftet skulle vara lika, eller om det inte var möjligt skulle ersättningar betalas mellan bönderna. Man flyttade också byggnaderna till den egna marken, vilket innebar att byn mer eller mindre splittrades och att i vissa fall byggnader revs eller flyttades. Ett laga skifte gav ett effektivare jordbruk, men eftersom det var ett omfattande arbete och många hade synpunkter kunde det ta flera år att genomföra.

Under Karl XII:s fejd blev Kläpp ödeby och tillföll kronan, men längre fram i tiden sökte Näsåkers och Västanbäcks byamän gemensam skattelösen från kronan. Byarnas gårdar togs i anspråk som egna hemman och övriga byns ägor uppdelades mellan samtliga ägare. De två gårdarna, som nu ägdes av Zachris Josefsson och Jonas Sjödin var uppträngda mot skogsmarken. Där fanns stenfri mark att odla som Näsåkers och Västanbäcks byamän ville uppdela, men som gårdsägarna under inga villkor kunde ge tillstånd till. År 1844 begärde byamännen laga skifte på Kläpps alla inägor, medan skogen redan var delad och fastställd. Ansvarig för detta blev lantmätaren ingenjör Engblom i Tärna och han förordnade en auskultant vid namn Edström att utföra uppdraget.

Figur 17 Karta över ägorna i Kläpp efter laga skifte 1845. Det gråmarkerade området visar Jonas Sjödins hemman.

Efter många turer där både Josefsson och Sjödin hade diskussioner med byamännen och där Jonas skrev ett brev till lantmätaren kom till sist Engblom själv på våren 1845 till Näsåker och Kläpp. Han graderade och indelade ägorna så raskt att de nya skiftena kunde tillträddes på våren 1846. Olyckligtvis så hade Jonas företrädare genom misstag odlat betydligt in på Zachris skogsområde och för att få överskottet att återgå till rätta hemmanet ålade lantmätaren att Josefsson skulle betala Sjödin 70 Riksdaler. Av detta uppkom flera års osämja, i synnerhet från Josefssons hustrus sida, som anklagade Sjödin för att ha bestulit dem på 70 kronor.

Sjödins hemman var det sista eller yttersta i byn och stötte mot utmarken och han fick därigenom stora ägor i förhållande till skattetalet[12], men med någon mager teg än här och än där med stora skogsdungar, som skilde dem åt, så att det till en början blev ännu sämre ställt med jordbruket. Det laga skiftet blev trots allt en rättvis och framför allt en slutgiltig lösning för alla inblandade.

Under dessa år pågick även landsvägsbygge mellan Liden och Junsele, en sträcka på över två mil. Arbetet utfördes på så kallad gångled, vilket lär ha inneburit att varje gårdsägare skulle ställa upp med ett visst antal mandagar, utan hänsyn till gårdens storlek. De som själva måste vara där – husbönderna – ville framåt, medan de inhyrda och de unga hemmanssönerna ville ingenting annat än uttänka lustiga pojkstreck, som heller inte saknades. Nu måste vägen enligt myndigheternas beslut byggas, men med onödig tidsåtgång och utan ledning blev själva vägen därefter.

---

[12] *Skattetalet motsvarade det som i andra delar av Sverige anges som mantal och utgjorde ett mått på gårdens skattekraft. Talet användes i flera sammanhang som fördelning mellan hemmanen till exempel för avgifter till staten, socknen med mera.*

Alldeles i början av 1846 fick familjen Jonas Sjödin sitt femte barn. Det var sonen Nils Johan som föddes den 19 januari 1846.

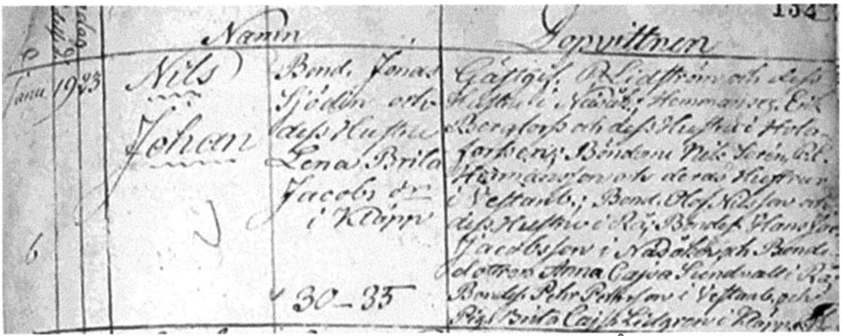

Figur 18 Nils Johan föddes 1846-01-19 (kyrkboken Ådals-Liden (Y) C:2)

Säljaren av hemmanet - Per Hansson - återkom till Liden 1846 eller 1847 för att hälsa på sina bröder. Han var då omkring 65–66 år och mycket fattig. En dag kom han till Sjödin och krävde ytterligare 250 Riksdaler för en del av hemmanet som han betraktade som osåld. Detta överraskade Sjödin, men han hade blivit van vid motigheter och meddelade lugnt att eventuella felaktigheter i tidigare handlingar nu var rättade i fastebrevet. Han frågade då Per Hansson om han fått detta av någon klok rådgivare, vilket Per bekräftade, det vill säga att det var Sjödins svåger Josefsson som hade sagt att han ville hjälpa Per att återfå det han prutat när han sålde hemmanet. Sjödin rådde då Per Hansson att återgå till sin vänlige rådgivare, för att begära det Josefsson hade ansett varit orätt. Det gjorde Per Hansson troligtvis inte, eftersom han förstod att han blivit lurad av Josefsson. Händelsen beskriver i stället det förhållande som rådde mellan svågrarna.

Hemmanets skog var strängt anlitad i förhållande till dåvarande tids skogar i allmänhet, antagligen eftersom skogsskiftet låg i linje med en välmående Näsåkersbondes skifte, som inte så noga iakttog linjerna. Dessutom hade ägarna av hemmanet Kläpp en längre tid använts av så kallade flyttarfolk, som inte hade vilja eller förmåga att beivra överträdelserna. De hade till och med själva huggit och sammanfört stora högar

51

av timmer, som inte förts därifrån utan låg kvar och ruttnade. Bysågen låg ½ mil ute i skogen med dålig vattentillgång, så att det var svårt att få det timmer som kördes dit, att bli sågat. På våren då Jonas köpt hemmanet hade han ingenting att såga. Först 1843 på vintern högg och framförde han timmer till cirka 20 tolfter [13]bräder, men fick ej mer än 15 tolfter uppsågade. Dessa tolfter framfördes 1844 till försäljningsplatsen, där de betingade ett pris av 3 kronor per tolft, således 45 kronor för årets hela avverkning.

Under dessa år uppsatte Jonas även stall och ladugård. Vintern 1845–1846 byggde Forsås byamän en såg i översta fallet av Nämnforsen, där det till och med skulle bli legosågning. Dit vände sig Jonas med anhållan om att få legosåga omkring 15 tolfter, som även beviljades. Trots att det var både längre och sämre väg till Forsås-sågen än till Näsåker-sågen valde Jonas att såga hos Forsås byamän. Orsaken var att det i så fall skulle bli lättare att sälja bräderna samma år. Nu blev det en ovanligt hög vårflod 1846 och när Forsås byamän sågat en ringa del av sitt eget timmer följde sågen med floden ut genom forsen. För Jonas innebar det att timret blev liggande över sommaren och eftersom sågen knappast skulle återuppbyggas vände han sig till Moflo byamän med anhållan att på lego få såga det efterblivna timret kommande vår, vilket även denna gång beviljades.

Att köra timret till Moflo-sågen senvintern 1847 innebar stora svårigheter på grund av isläget och de frusna stockarna. När han väl kom fram till sågen kunde han såga timret mot en ersättning av en

---

[13] *Tolft är en räkneenhet för tolv enheter av samma slag, och användes särskilt för bräder av olika slag.*

.

bräda per tolft. Kommande vinter måste han köra bräderna tillbaka ner om Nämnforsen till det så kallade Boänget som var den egentliga försäljningsplatsen. Även denna gång var priset 3 kronor per tolft.

Det som kanske förvånar är att han inte sålde det osågade timret nere vid forsen, men det har sin förklaring. Lo och Kramfors intressenter flottade timmer även på den tiden, men deras timmer avverkades på kronans marker på så lämpliga platser att kostnaderna för huggning och körning blev obetydliga. Först 1822 utsände bolaget en kungörelse, som upplästes från predikstolarna i ådalens alla kyrkor, att de var villiga att köpa timmer och kunde betala 8 skilling för 17 fots tolvtumsstock och därutöver i förhållande till grövre dimensioner, rakt och felfritt med fulla tum, om detta skulle få tillämpas. Priset var oförändrat även 1846 och Jonas räknade ut att det, trots allt arbete, var betydligt bättre affär att själv såga timret och sälja bräderna.

Även Sandö glasbruk köpte timmer av alla dimensioner, men det kallades inte timmer utan glasved. Det var specifika bestämmelser hur priset för detta timmer skulle beräknas och en av orsakerna till detta var förhållandet för timmerflottningen på Ångermanälven den här tiden. Före år 1855 hade inget som helst arbete med att rensa älven utförts efter hela Ångermanälven. Av denna anledning fanns det så många stenar och hinder i älven att flottningen gick därefter. Timret släpptes med högfloden och ingen stock vidrördes av människohand under sommaren. En del av timret följde med strömmen ner i fjärdarna, där det samlades med hjälp av manskap i roddbåtar, en del gick till havs eftersom det inte fanns någon magasinering och en stor del lade sig i brötar i forsarna och spriddes efter älvens vidsträckta stränder.

Om vårarna medan det var is och lågt vattenstånd, sändes det ut manskap som rev sönder brötarna och spred ut dessa för att timret skulle fortsätta med blivande vårflod ner över älven. De år det blev hög flod trängde timret in på så otillgängliga ställen, att det många gånger inte, för timrets värde, kunde föras ut i vattnet, utan att det på sådana ställen fått ligga och ruttna. Av det som, på detta sätt, förstördes och det som gick till havs torde varit omkring hälften, vilket kraftigt bidrog till de låga priserna.

Figur 19 Flottning i Ångermanälven. Foto från Västernorrlands Allehanda

Annat var förhållandet med bräderna, dessa släpptes på en gång, eller inom mycket kort tid, i lämpligt vattenstånd och under ljusa nätter med vakthållning och fasttagning från Edforsen till Ångholmen. Där höll man vakt dygnet runt under flottningen i älven. När sedan flottningen var slut for vakten vid Ångholmen med båtar på båda sidor älven ner till Hammar och samlade ihop vad som gått förbi vakthållningen. Även de bräder som stannade i forsarna på ställen dit ingen under flottningen kunde komma, togs upp av ortsbefolkningen, för att på våren återköpas – betala arbetskostnaden - av flottningsförmannen och därefter släppas i älven. Med denna metod förlorades en ringa del, inte ens 5% av tolftetalet. Det var nog så att hela detta förfaringssätt medförde att uppköparna av bräderna tjänade mest, medan bönderna fick oskäligt dåligt betalt.

*

När Sjödin flyttade till Kläpp hade han och hans hustru varit gifta i sju år och hade tre barn, vilket nu utökats med ytterligare två. Nu hade de lagt sig till med jordbruk, fast Sjödin var ovan därvid. Men hustrun däremot, som var uppväxt i en ordentlig bondgård, var mera hemma i konsten att sköta förekommande göromål. Sjödin, som i många avseenden liknade sin moder, hade strävt och ojämnt humör men fast och bestämd karaktär.

Sjödin hade svårt för att följa sin hustrus råd utan handlade efter eget bevåg. Nu när det fanns tjänstefolk i huset och barnen började bli äldre innebar allt detta samlevnaden stridig många gånger. Ofta kunde det nog gå bra efter hans planer, men de gånger hon med säkerhet insåg att han ställde till med dumheter, blev det hårda diskussioner. Blev det hårt från hans sida, gav hon sig eftersom han obeveklig, men när han återkom till sitt vanliga humör, då talade hon reson med honom och då blev han medgörlig och mången gång till och med erkände han sin oförmåga att behärska sig.

Han var även hård och kall mot sina minderåriga barn, så att det ofta hände att hon måste ta dem i försvar. Den ena gången kunde det lyckas, en annan gång misslyckas ohjälpligt.

Man skulle kunna räkna upp en stor mängd anekdoter om honom, men det skulle bli en svår och lång härva att reda ut, men följande händelser kan vara av intresse. Det var en höst sedan boskapen var flyttat från skogen till åkern, där betet var ovanligt dåligt medan det var bättre på andra sidan. En kossa som var någorlunda begåvad, insåg detta och tog sig för att hoppa över ett ställe där inhägnaden var nerriven. Inhägnaden lagades, men det hjälpte inte, utan hon fortsatte likväl att hoppa över. Trots hustruns motstånd tog då Jonas till med åtgärden att sammanbinda kossans främre ben till ett avstånd av 12 eller 15 tums mellanrum och så släpptes kossan dit hon skulle vara. Längre fram på dagen kom någon av barnen inspringande och ropade att kossan ånyo hoppat över hagen och låg död på andra sidan. Hustrun blev både rädd

55

och ond och sade till mannen att genast gå bort och slakta kossan om hon inte lever så att vi kan få nytta av köttet. Och mannen skyndade dit, men när han kom fram upptäckte han att kossan levde. Det hade gått till så att när kon landade efter hoppet var det så kort avstånd mellan benen att hon hade fallit över till andra sidan med buken nära rätt upp. Han ville i början lyfta upp henne bunden som hon var, men orkade inte lyfta henne så högt att hon kunde stiga på benen. Han måste därför ta bort sammanbindningen och sedan vända henne över till andra sidan, så kossan själv kunde stiga upp, vilket hon gjorde, lika frisk som innan hon gjorde sitt misslyckade försök. Vad både Jonas och kossan hade för tankar om försöket fick ingen reda på, men vad man med säkerhet vet var att företaget inte upprepades.

*

Eftersom det ej fanns andra vattentillgångar än Vigdån, där kvarnar gick vintertid, så hade Kläpp, Västanbäck, Rå och en del byar från södra sidan älven kvarnar i Vigdån. Även Sjödins hemman hade en sextondel i brokvarnen, kallad så för den låg närmast landsvägen. Varje höst fördelades tider eller hela dygn för att delägarna skulle vara försäkrade om de dagar de fick mala. Nu fanns det en bonde i Rå vid namn Jacob Ersson, som var ovanligt vrång och orättvis inom byalaget. Han var dessutom periodsupare, så att han kunde ligga till sängs ena månaden, medan han den andra var i arbete nästan både dag och natt. Av den anledningen kunde han inte heller ha andra drängar än dem ingen annan ville ha, och ändå lämnade många av dem tjänsten under året. På gården ledde han som en tyrann med hustrun, fostersonen och drängarna, så att han i nyktert tillstånd var hatad inom byn, till och med fruktad. Nu hände det sig en gång att Jonas kom med sitt sädeslass och skulle använda den tid han blivit tilldelad i kvarnen. Vägen till kvarnen gick förbi Erssons gård och hustrun kom ut och talade om för Sjödin att hennes man tidigare på morgonen farit till kvarnen med ett lass mäld samt rådde Sjödin att vända om. Men han svarade att det var ju hans dygn och att han skulle mala. När han kom fram till kvarnen och fordrade rättelse brakade det ihop. Det uppstod en stark ordväxling tills Ersson sa: "*Nu är det jag som skall mala, jag krusar icke tiggare, som kommit dragandes hit från Hälsingland*".

Detta skulle han inte ha sagt och Sjödins uppsyn ändrades och han tog en mjölsäck i vardera handen – på den tiden begagnades halvtunnsäckar – bar ut dem ur kvarnen och kastade ned dem på backen. När han så kom tillbaka in i kvarnen var Jacob Ersson så förskräckt att han i hövlig ton sa: "*Lugna dig, jag skall genast sluta*". "*Ja, det är nog bäst för dig, sa Sjödin, eftersom det var mitt fasta beslut att skicka dig i backen efter säckarna, fast något hårdhäntare.*" På detta sätt gjordes affären upp i godo och Sjödin behöll rättigheten att mala. Ersson berättade om händelsen många år därefter och sa då, att det var en förskräckligt elak karl, men han hade rätt.

*

Komminister Sundvall hade i livstiden fått tillstånd att på prästskogen i gränsen till inägorna få uppodla ett torp, som senare kallades Nybruket och skiljdes från Sjödins ägor med en fägata. Året 1843 innehades torpet av en torpare vid namn Jakob. Hans olater var så mångsidiga att det är bäst att inte nämna någon. Jakob hade inte en häst, men en stor köroxe och en dag fick oxen syn på en kossa som Sjödin hade hemma för vård. Oxen hoppade över båda hagarna och begav sig på kossan och började bearbeta henne. Det skedde med så stort våld att kossan bröts omkull, men oxen fortsatte att bearbeta henne. Jonas såg detta och tog en påk för att försöka få undan oxen från kon. När oxen såg Jonas vände han sin uppmärksamhet på Jonas och tack vare att oxen fick det ena rappet efter det andra av Jonas lyckades han med stor ansträngning få upp kossan och in i ladugården. Oxen kom efter och började bearbeta dörren varefter nya strider uppstod, men Sjödin rev då bort bron så att oxen inte kunde komma åt dörren, men oxen fortsatte envist trots ett och annat slag från Sjödin. Nu kom även oxen ägare

Jakob Ersson dit och började ropa åt Jonas att han inte skulle slå hans oxe. Jonas tålamod tröt och vände sig i stället mot Jakob och började jaga honom mot skogskanten, där han fick tag på honom och höll fast honom. Jakob kände på sig att nu var Sjödin inte att leka med varför ha dyrt och heligt lovade att hämta hem oxen. Jonas släppte Jakob som även gjorde som han sagt och lyckades till sist få hem sin oxe. Trots att Sjödin blev tvungen att nödslakta kossan som brutit flera revben gick Jakob omkring i bygden och sa att Sjödin skulle få arbeta minst ett år för att komma från den skada han skulle göra honom. Detta visade sig bara vara prat och Jakob gjorde aldrig något med Sjödin.

*

Efter laga skiftet och ägornas fördelning hade Sjödin mycket att göra med att röja skog och skapa nyodlingar, men det blev sällan någon större förbättring av avkastningen. Sjödin hade en stor, stark häst som han omhuldade på alla sätt. Hästen fick alltid det bästa av fodret och det var likgiltigt vad kossorna fick, trots protester från hans hustru. Sjödin hade även ett särskilt sätt att hugga timmer då han endast högg de träd som han ansåg hindra jorden och de vackra träden lämnades. Detta medförde en vidsträckt gallring med mycket arbete och ringa avkastning. När han fällde träd på olika ställen och sedan i slutet av januari eller början av februari skulle köra träden till sågen var de ofta fastfrusna i marken, isiga och ofta med en aln snö ovanpå. Stark var han, men vid sådana tillfällen var han oförsvarligt vårdslös med sin hälsa, vilket ofta innebar ryggskott och han kunde till och med få ligga i sängen någon dag.

Eftersom fjällbyarna Omsjö, Ottsjö och Fransåsens byamän hade stora skogstillgångar och likaledes vatten till sina sågar, så körde de endast timmer till sågarna och ofta gick bräderna på lego – lejd arbetskraft - ned till försäljningsplatsen. Av den anledningen samlades årligen många av den fattigare befolkningen för att försöka få ett arbete att köra bräder. Detta innebar att det kunde vara så många som 30–40 arbetare som körde dessa bräder under senvintern. Vägen var mycket dålig, knölig och ojämn utan att den någon gång blev lagad. Betalningen var dessutom sådan att man bara kunde erhålla 24 skilling per dag och då körarna ofta köpte sig en kvarter brännvin för 12 skilling när de avslutat dagsarbetet blev det inte mycket vinst. Att få Jonas att köra bräder var dock stört omöjligt. Hellre fick hästen stå i stall, vilket lades honom till last, men det kan senare komma att förklaras.

*

Jonas Sjödin var nog inte ämnad till jordbrukare utan det var endast hans framsynta blick som gjorde att han köpte hemmanet då det egentligen inte fanns annat att göra, men utan göromål blev han inte. Hans arbete som skräddare gav förtroende hos kunderna. Han fick så mycket arbete med detta och han köpte tyger av resehandlare och sydde även kostymer där han höll allting. Då detta arbete ofta gav större inkomster än jordbruket och det arbete han utförde på gårdarna, lät han hästen stå i stallet och arbetade dag som natt. Som skräddare tjänade han säkert fyra till fem gånger så stor dagpenning som de, som körde bräder på förtjänst.

Han var även pälsmakare och var bättre än andra i socknen mest därför att han fick dem jämnare i färgen och håret. Orsaken var att Jonas köpte alla skinn han kunde komma över, så väl inom socknen, som på marknader. Han gjorde även fotvandringar till norra Ångermanland och köpte vad han kunde utan avseende på färg och han betalade endast efter varje skinns storlek och färg, det vill säga ett stort och vackert skinn betalades flera gånger mer än ett litet och fult sådant. När han hade fått samman 40 till 50 skinn sorterade han ut dem till pälsar på så sätt, att han tog de vackraste skinnen till första pälsen och vidare till päls två och tre så att pälsarna blev jämna i färg och hår och prisen per päls blev mycket olika efter färg och utseende.

KAPITEL 8
LIVET PÅ GÅRDEN

Familjens två äldsta barn var Hans och Jonas Petter – oftast kallad JP – och trots att det skilde 3,5 år mellan dem blev de behandlade på samma sätt. Det kan till och med ha varit så att JP behandlades hårdare än Hans eftersom fadern betraktade JP som den "argaste". Erik Georg som bara var året yngre än JP blev i stället behandlat som ett litet barn och allt detta påverkade naturligtvis JP, kanske så att han just blev den "argaste".

När JP bara var 6 år blev han tvungen att följa sin bror som vallhjon under hela sommaren och han klarade av detta arbete minst lika bra som brodern. Att JP blev den som oftast protesterade och hade åsikter var inte alltid till fördel för honom. En liten detalj var att han av fadern fick nya byxor av renskinn i stället för kalvskinn som de andra bröderna. Byxorna var så styva att han kunde ställa dem på golvet utan stöd. En vinterdag, vid jultid gick JP i dessa byxor till kyrkan – några andra byxor hade han inte – och det blev ett synnerligen hårt prov. Det var plusgrader när han gick till kyrkan så att byxorna blev våta och efter att ha suttit still i kyrkan var de så styva att han med nöd kunde ta sig hem.

När han var 7 år fick han ensam sköta vallhjonssysslan, som var både ansträngande och tidsödande. Detta arbete pågick under ett par år samtidigt som den enda skolgången var faderns försök att lära barnen att läsa, vilket inte alltid fungerade vare sig för Jonas eller barnen. Trots detta så kunde prästen konstatera att barnen Sjödin inte var sämre än andras barn.

När Jonas Petter var 8 år gammal – 1847 – fick han fortsätta arbetet som vallhjon, men nu åtog han sig även att valla morbror Mårtensson kor. En gång träffade han gästgivaren Per Lidström ifrån Näsåker i ett område som egentligen tillhörde den andra morbrodern - Josefsson i Kläpp. Det samtal som då utspann sig mellan JP och gästgivaren, förundrade gästgivaren så pass mycket att han senare till Jonas skall ha yttrat *"Jag tyckte han var så liten att blåbärsriset gick honom till midjan och i förstånd var han som en utbildad man och jag blev alldeles förvånad."*

*

Både Jonas och Lena Brita for för det mesta till marknader i Sollefteå. Då hade Jonas vid resa dit alltid en ny päls på sig, men kom lika regelbundet hem utan. Ena gången fick han sälja pälsen kontant och en annan gång bytte han den till jämtar för hundskinn. Han handlade även med lappskor och annat smått, och affärerna var hans största lust. Därav kom det sig också, att andra trodde att han var en odåga i jordbruksskötsel, och jordbruket blev nog eftersatt av honom, men ekonomiskt försumlig var han inte. Tvärtom var han ekonomiskt vaken, och fast han hade obetydliga inkomster av hemmanet, kunde han klara av gårdens utgifter och räntor på skulderna och dessutom årligen avbetala något av kapitalskulden. Det kunde ingen göra sig en föreställning om.

Nu framskred åren från 1842, då han köpte hemmanet, till år 1849. Under denna tid hade han även blivit vän med sina svågrar, grannarna och han började känna att framtiden inte var så svår som den från början hade visat sig. Under denna tid hade familjen utökats med ytterligare en son - Nils Johan som föddes den 19 januari 1846. Samtidigt hade han tankar på att göra en resa till sin fädernebygd Hälsingland, trots det löfte som hans far och mor hade gjort, det vill säga att aldrig återvända. Nu var det ju inte han som hade gett detta löfte och han var mycket nyfiken på varifrån han kom och var han faktiskt var född. På den tiden, i slutet av 1840-talet, var det vanligt att vissa handlare köpte stora partier av fågel som i karavaner av hästar med tunga lass, fördes till Stockholm att säljas. När han gick och funderade på resan gick han en dag till fågelhandlaren N.O. Nylén och gjorde upp med honom att skjutsa ett lass från Liden och till Söderala för att på hemresan hälsa på i Arbrå. På den tiden ansågs en sådan resa, särskilt med egen häst, för att vara något utomordentligt märkligt. Han förberedde sig därför ordentligt, inte minst ekonomiskt, varför han räknade samman sina skulder – fordringar var inga. Hustrun la inga hinder i vägen för hans resa, varför han för första gången meddelade henne något om deras ekonomi. Han sa till henne att skulden då var omkring 400 riksdaler, samt att han för resan hade han fått låna 10 riksdaler av komminister Nils Frisendahl. Ytterligare skuld fanns inte och han hade skriftligen antecknat skulderna. Den goda ekonomiska ställningen blev en stor överraskning för henne. Han hade från 1842 och till 1849, under vilken tid hemmanet genomgått ett laga skifte, tillsammans med allt han hade köpt och kostat på, avbetalat över 100 riksdaler om året på sin skuld. Hustrun hade trott att skulden skulle vara minst lika stor som när de började.

Uppbrottet med omkring 15 till 20 lass skedde strax efter Pålsmässomarknaden år 1849. Resan gick nog sin jämna gång, men kan man göra sig begrepp om hur det kan vara att komma till en by, sent på kvällarna och försöka få både ligg- och stallplatser. Det blev alltid någon råd, och man kom fram till Söderala ungefär på beräknad tid. Där vilade de hästarna och sig själva i en eller två dagar. Jonas lämnade därefter sällskapet och påbörjade hemresan, samt att besöka sina föräldrars hemby.

Hemmanet Brickgården ägdes då av en för Sjödin obekant kusin, även han med namnet Jon Jonsson som hans egen farfar. När han där redogjorde för vem han var, blev de till en början förundrade, eftersom det nu var 33 år sedan föräldrarna flyttade och händelsen var för Sjödins jämnåriga nära på okänd. Som tidigare berättats hade Jonas farfar dött redan 1817 och hans farmor dog 1820. Även farbrodern som övertog gården hade dött, men fastern levde fortfarande och dessutom var två av faderns bröder kvar. Hans kusin Jon Jonsson med hustru hade inga barn, men på gården och i närheten bodde flera kusiner med familjer. Alla de gamla var mycket angelägna att få veta något om flyktingarna och Jonas var lika angelägen att få reda på anledningen till skilsmässan, det vill säga varför hans far och mor lämnat Hälsingland. Där blev han bjuden av snart sagt alla, som fick reda på hans härkomst. Han hade inte ens tänkt sig ett sådant mottagande, men eftersom de ansåg att han hade gjort en stor uppoffring att resa så lång väg för att återse sina släktingar och fädernebygden, som han hade lämnat vid tre års ålder, ville även de visa honom vänlighet.

På Brickgården vilade han hästen och sig själv omkring en veckas tid, och han var alldeles överlycklig över bemötandet, samt att han hade fått se och språka med sina obekanta släktingar. Besöket skedde strax eller några år efter den så ökände Erik Jansson [14] hade flyttat till Amerika och Amerikafebern hade spridit sig över hela provinsen och många var de som sålde sina hemman och reste till Amerika för att lämna köpesumman till Erik Jansson. Även Jonas fick höra om detta, av dem som då tänkte resa, till en del därför att han inte var ointresserad, utan till och med började fundera på om det inte kunde vara bättre alternativ, enligt vad han fick läsa i deras brev från Amerika. Han hade även fått ett brev med sig hem där Amerika prisades ovanligt såväl i andligt som lekamligt hänseende. Brevet var väl skrivet med blått bläck och började på följande sätt:

"Norra Amerika och Biskops-kulla och dato. Jag fattar pennan rörd av Herrens ande och är ett sant vittne om både det ena och det andra som jag sjelf sett, hört och konstaterat".

Sedan kommer brevskrivarens smickrande innehåll, som inte finns bevarat. Hemma i Hälsingland hade Jansson i mitten av 1840-talet grundat en sekt, vars medlemmar kallades Erik-Jansarna. Dessa kom snart i konflikt med Svenska kyrkan och Jansson avvek från en fångtransport som skulle föra honom till stadsfängelset i Gävle. Han och 400 av hans anhängare begav sig 1846 till Illinois i USA där de grundade kolonin Bishop Hill, ett kooperativt samhälle med egendomsgemenskap. Det utvecklade sig snart till ett allsidigt samhälle med kyrka, hotell, skola, smedja, vagnmakeri, kvarnar med mera. Kolonin grundades av den första stora organiserade svenska utvandrargruppen och kan ses som starten på den svenska emigrationen till Nordamerika. Jansson mördades 1850 av en avhoppare från sekten.

---

[14] *Erik Jansson, född 19 december 1808 på Landsberga i Biskopskulla socken, Uppsala län, död 13 maj 1850 i Cambridge, Illinois, USA (mördad), var en självlärd pietistisk predikant och sektstiftare.*

Sedan Jonas hade umgåtts med sina släktingar och festat i flera dagar, startade han hemresan, som med säkerhet blev lång och tröttsam för både hästen och den åkande. Att med egen häst och ensam åka från Vallsta till Liden under denna tid, är inte så lätt gjort som man kanske kan föreställa sig. Vilka tankarna var för Jonas vet man inte, men både affärer och religion hörde ju till hans stora intressen. Nu hade han dessutom träffat personer med andra tankar och åsikter och de som var så kallade Erik Jansare hade säkert fått honom att tänka en hel del kring detta ämne. Omkring en vecka efter uppbrottet var han åter hemma. Under en tid av fem veckor, som hela resan hade tagit, hade makarna icke haft något meddelande från varandra, beroende av postgången som på den tiden bestod med en resa upp och en resa ner genom ådalen var fjortonde dag. Att han var välkommen hem och själv likaledes var glad att vara hemma behöver väl knappast nämnas. Då redogjorde han för resan, om hur det var i Hälsingland, först om släkten och mottagandet, sedan om Erik Jansarna och andra sekter, vilket hustrun var angelägen att få höra. Men när han tog fram Amerikabrevet och uppläste det för henne och dels på skämt, dels på allvar, började göra antydningar om att även de skulle sälja hemmanet och fara till Amerika, så svarade hon:

"Jag var missnöjd inom mig att du skulle fara till Hälsingland. För att icke såra dig sade jag emellertid ingenting. Beslutar du dig för att fara till Amerika så skall jag säga dig, att även då får du resa ensam, medan jag aldrig kommer dit, därför att jag tror att var dag även där skall hava sin börda såväl som här, och då är nog bäst att fortsätta med vad man är van."

Efter det samtalet nämnde Jonas aldrig mer Amerika och han tyckte nog själv att hustruns ord även gällde för honom. Han hade ju sin familj, sitt eget hem och faktiskt en relativt god ekonomi, även om det medförde hårda dagar med mycket arbete.

*

65

Sommaren 1849, samtidigt som Jonas var bortrest, hade boskapen som JP var vallhjon åt, övertagits av Erik Andersson Engman i Gårelehöjden. Detta innebar en lång vandring för den då 10-årige sonen. Under hemresan i juli 1849 utförde JP ett mindre vanligt uthållighetsprov. Han gav sig i väg till Gårelehöjden där han övernattade och fick samtidigt besked om att korna under tiden hade flyttats till Monäset vid Kvarnån i närheten av Mo by. JP fick morgonen därpå sällskap av en några år äldre pojke och när de kom fram visade det sig att boskapen var i skogen. Tillsammans sökte de och hittade boskapen som nu skulle drivas hem till Näset och sedan en mil ner till Gårelehöjden. Väl framme fick JP kvällsvard och sedan skulle han ensam driva korna, som bestod av fem kossor, en kviga och en kalv, hemåt. När de kom till östra höjden, som det kallas, blev boskapen oroliga och vill vända om. JP fick springande och skrikande förmå dem att fortsätta hemresan. När han så småningom lyckades med det gick det sakta och tröttsamt neröver mot Holaforsen, där landsvägen gick mellan två ladugårdar. Eftersom han måste öppna och stänga grindar hann korna sprida ut sig på de oslagna ängarna där de hungriga korna stannade för att beta. Ytterligare ett besvärligt hinder var att få korna genom ytterligare en grind och utan veta hur mycket klockan var passerade han Holaforsen för att fortsätta ner mot Rå byns ägor, där det var nära en kvarts mil öppna slätter med lockande gräs. Han var hela tiden rädd att någon skulle komma och antasta honom och anklaga honom för att föda korna på deras ängar, varför han sprang som en galning fram och tillbaka bakom korna. Ingen kom och överraskade honom och han kom hem, fullständigt utmattad, klockan ett på natten.

*

Den 25 maj 1850 födde Lena Brita hennes och Jonas sista barn som var en pojke som fick namnet Karl Oskar.

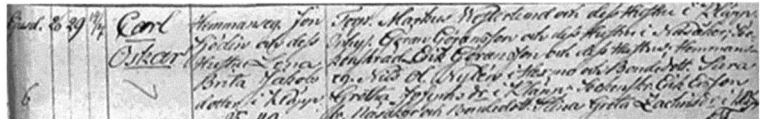

Figur 20 Carl Oskar föddes 1850-05-26 (kyrkboken Ådals-Liden (Y) C:3)

På hösten 1850 öppnades folkskolans [15]portar för första gången för hela socknen, men utan skyldighet och den som ville fick infinna sig och den som inte ville fick utebliva. JP och hans äldre bror började skolan, men det blev färre och färre mellan besöken eftersom fadern hade ringa förtroende för skolan. Även kommande läsår blev det få besök i skolan för JP.

Då JP varit skolan sammanlagt 20 dagar frågade hans far om han kunde räkna ut ett tal, där han skulle beräkna räntan på en revers. Han angav alla belopp och tider, men att begära detta av en pojke som gått i skolan i 20 dagar var lite av ett önsketänkande och JP:s svar blev naturligtvis att han inte kunde räkna ut detta. Jonas blev mycket förvånad och yttrade att: "Det är som jag trodde, barnen får inte lära sig någonting i skolan".

Eftersom Hans – den äldsta sonen – skulle konfirmeras på våren 1851, skulle han därefter få sluta i skolan och under våren bara vara där någon dag i veckan. JP hade flera år kvar innan sin konfirmation, men trots det blev det mer och mer att han begärde att få arbeta på gården i stället, eftersom han inte trivdes i skolan. Det var föräldrarna som

---

[15] 18 juni 1842 fastställdes folkskolestadgan, men infördes med en dispenstid på fem år. Först 1850 var folkskolor allmänt inrättade, förutom i några av de nordligaste socknarna. Någon läsundervisning fanns från början inte i folkskolan, utan eleverna förutsattes ha fått den grundläggande undervisningen i hemmen. Det visade sig dock inte fungera, utan de flesta elever som kom till skolan hade inte de erforderliga kunskaperna. Därför infördes 1858 småskolan, som med 1882 års folkskoleplan blev tvåårig.

bestämde och begärde detta och när barnen gjorde nytta hemma blev de ofta hemma i stället för att gå i skolan. JP, som egentligen inte heller trivdes hemma, eftersom hans far var så sträng, lyckades övertala modern att han skulle få bli skräddarlärling. När han bara var 13 år och 4 månader fick han börja hos sin farbror Erik Göransson som var sockenskräddare. Det var långa arbetsdagar, från 6 på morgonen till 10 på kvällen, men det fick gå. Hos farbrodern gick han bara ett år, men han fortsatte sedan hos andra, yngre mästare. Vid 17 års ålder erhöll han vitsordet att han var fullärd varför han på våren 1856 började yrket på egen hand.

*

Omkring de år eller tiden då Jonas Sjödin gjorde sin resa till Arbrå, funderade makarna Sjödin på att sälja hemmanet i Kläpp och eftersom svåger Josefsson hade två söner som började bli vuxna, var han villig att köpa hemmanet, men detta skulle ingen annan få veta. Det var inte heller angivit vilket år köpet skulle upprättas, främst för att Jonas skulle få tid på sig att skaffa ett större och lämpligare hemman. Köpesumman för Kläpp var denna gång bestämd till 2,500 riksdaler, och ingen påföljd om Jonas Inte kunde skaffa sig lämpligt hemman.

Första tanken var att köpa ett hemman i Resele och Tängsta, som var till salu för 4,500 riksdaler, men på det hemmanet var det allt för mycket som inte var lämpat för familjen. Andra gången skulle han köpa ett hemman i Rå, Liden, för 3,000 riksdaler, men det var ytterst vanvårdat och gården totalt nedruttnad, så även detta blev omöjligt. Tredje gången skulle han köpa ett hemman, även det i Rå, för 4,000 riksdaler, men även detta hade så stora problem att det inte blev något köp. Efter dessa försök uppgavs alla planer om försäljning och köp och de fortsatte som vanligt några år.

Jonas började även erhålla förtroendeuppdrag inom socknen som tog tid. Han fick representera socknen i många sammanhang eftersom han av övriga bönder var betrodd och ärlig. För Jonas blev detta ett sätt att kunna syssla med något som intresserade honom och kanske även för att slippa arbetet på gården, som han egentligen inte tyckte om.

Av alla de uppdrag som Jonas tog på sig under åren finns det ett protokoll på ett litet förtroende som är intressant nog att återges.

"Då det nästa söndag uti Sockenstämma i Resele förekommer överläggningar huru krögeriet och superiet, som erfarenheten visar snarare till- än avtaget möjligen i någon mån skall kunna hejdas beslöt sockenmännen att dit sända en nu vald fullmäktig Hemmansägaren Jon Sjödin i Kläpp, som, å socknens vägnar, har att i detta ämne talan föra efter bästa förstånd och övertygelse samt att godkänna och underskriva de beslut som vid stämman kommer att fattas, såsom de var fattade och godkända av Socknens Ledamöter härstädes, så vitt nämligen de överensstämma med dessa fyra punkter:

1. *Att så kallad husbehovsbränning avskaffas*
2. *Att rättigheter till brännvinstillverkning inskränkes, och att var kanna som tillverkas, högt beskattas*
3. *Att försäljning av Brännvin, Arrak, Rom m.m. under vad förevändning som helst, icke må tillåtas utan bliva absolut förbjuden*
4. *Att någon konsumtionsavgift bör av brännvins konsumenter erläggas och till de fattigas understödjan sändas till varje socken.*

Lidens sockenstuga den 25:e september 1853

In fidem N. Frisendahl v. Past. Com"

Sommaren 1852 blev Jonas pappa Göran Jonssons sjuk och låg delvis till sängs. Under sjukdomstiden sökte han och fann att allting var fåfänglighet. Under sina sista dagar önskade han *"att hans stoft snart i graven måtte få gömmas och av människorna glömmas"*. Hustrun vårdade honom under sjukdomstiden oklanderligt och efter honom hölls även gravöl, då alla sju barnen var samlade. Göran dog 7 augusti 1852 och skulle fylla 63 år dagen efter sin död.

Samma år försökte Jonas och E.M. Frisendahl sig på med tjärbränning och med lejda tjärbrännare brände de 10–12 tunnor opackad tjära. Försäljningen gick dock mycket dåligt varför de tvingades sluta med detta. Två år senare valdes Jonas Sjödin till fjärdingsman. Då fick han mera att sköta om, men ändå var han inte riktigt tillfreds och funderade emellanåt på affärer. Så gick det ytterligare ett år och han blev invald som godeman vid skiftesverket, men trots det blev han inte fullständigt belåten.

*

År 1857 köpte Jonas halva hemmanet av N.A. Olofsson i Junsele och Gårelehöjden. Nu skulle det hemmanet besås och skördas gemensamt med säljaren, och samtidigt skulle det lagligen skiftas under sommaren. Han skickade båda sina äldsta söner och dottern att börja arbeta på hemmanet. Dessutom skulle de hålla kost och husrum för kommissionslantmätaren C.G. Collén i Undrom, åtminstone till hälften. Nu saknades husrum på hemmanet, men man lyckades skaffa ett åt lantmätaren hos hemmansägaren Anders Andersson, som bodde en kvarts mil därifrån. Dottern – Katarina Helena - som bara var 14 och ett halvt år gammal, skulle sköta om matlagningen för sig, för bröderna, för lejd hjälp, för slåtterfolk och för hantlangare till lantmätaren. Då hon dessutom skulle hjälpa till med slåtterarbeten innebar det att hon, liksom övriga, fick stiga upp 2 på nätterna och arbeta med slåtter till frukostdags, innan arbetet med matlagning påbörjades. Det var ett mycket tungt arbete som hon dock klarade av. Även år 1858 måste barnen vara där uppe och bärga skörden, men då var ägorna skiftade och förhållandena i allmänhet bättre.

Under dessa två år fick Sjödin med lejda krafter dessutom sköta om hö- och säd-skörden på hemmanet i Kläpp, men både föräldrarna och barnen började tröttna på detta jäktande, varför han började se sig om efter en köpare av det delägda hemmanet, vilket även lyckades. På vintern 1859 sålde han så hemmanet i Gårelehöjden till en bondson vid namn Per Hendriksson från Ramsele och Imnäs. Köpesumman är icke bekant, men han hade en förtjänst på 500 riksdaler och därmed blev han av med många besvärligheter och blev mindre orolig.

*

Under dessa år framgick det allt tydligare att äldsta sonen Hans hade större intresse av jordbruket än övriga bröder. Erik Georg drogs närmare skogsbruk och fick arbete med brädflottningen i Ångermanälven. Jonas Petter började att utöva skrädderiyrket, men måste samtidigt hjälpa till med hemmansarbetet. Under våren 1858 hände det mycket tragiska att Erik Georg den 17 maj drunknade i samband med brädflottningen i Mokroken i Resele. Denna tragiska händelse tog extra hårt på modern, men även Jonas kände en skuld, när han låtit sin 17-årige son arbeta med något så farligt som flottning.

För JP blev det två år då han kände sig glad och tillfreds med tillvaron. Han fick mycket arbete som skräddare och tjänade för första gången egna pengar. För dessa kunde han unna sig ordentliga kläder och ändå hade han 100 riksdaler över. Intresset för affärer startade även under dessa år och han köpte sig en sextiondedel i Vigdsjö sjöbotten.

Våren 1859 tog JP på sig ett uppdrag att fara ned till Ångholmen i Multrå för att som förman sköta om bräderna som kom dit under flottningen. Uppgiften var förutom att anskaffa båtar även att skaffa manskap till arbetet, vilket måste betraktas som ett väldigt ansvarsfullt arbete för en 20-åring. Ansvaret blev inte enklare med tanke på det som hänt hans bror, varför det blev långa och tröttsamma arbetsdagar. Söndagen efter Pingst föreslog han att hela arbetslaget skulle resa ned till Sånga. De lade två timmerstockar sida vid sida med brädstumpar tvärs över, fram och bak. De följde strömmen ned till Spånga, men de blev alldeles blåa om benen, som hela tiden varit i det kalla vattnet. Besöket i

Figur 21 Ångaren Angur. Foto: Lennart Hedlund

Sånga blev därför mycket kort och återresan skedde med ångaren Angur som gick mellan Härnösand och Sollefteå.

Hemresan efter arbetet skedde till fots från Sollefteå-Nyland till hemmet i Kläpp. Efter 16 dygn med detta arbete fick han en lön på 50 riksdaler, men med kostnader på 12 riksdaler var han nu 38 riksdaler rikare, vilket var ovanligt för en alldeles okunnig tjugoåring.

KAPITEL 9

AFFÄRER

Det var icke så lätt att göra affärer på den tiden och minst med lånade pengar. Inga större affärer gjordes och den som någon gång vågade göra det ansågs i allmänhet för en svindlare. En svindlare hade naturligtvis svårt att låna pengar i byar och gårdar och eftersom pengar inte fanns samlade av någon, måste de lånas, än här och en där. Det var sällan några större belopp man lånade, kanske några hundra riksdaler, vilket innebar att det blev många lån om man ville ha 3–4,000 riksdaler. När man dessutom lånade pengar mot en revers vars enda villkor var att pengarna skulle betalas på anmodan blev osäkerheten stor. Det resulterade, inte allt för sällan, att någon sa, på skämt eller av illvilja, att den eller den personen kommer säkert att gå i konkurs vilken dag som helst, vilket resulterade i stor osäkerhet hos de som lånat ut pengarna, de som kallades för borgenärer. Kunde inte låntagaren – gäldenären – skaffa fram pengarna blev han lagsökt. Om då gäldenären icke kunde skaffa pengar och betala blev han lagsökt, vilket innebar att alla de andra borgenärerna också begärde återbetalning av de pengar dom lånat ut.

Många som inte skötte sin ekonomi på rätt sätt tvingades till och med att gå från sitt hem, sitt hemman.

Det var först 1864 Hernösands Enskilda Bank bildades, men det dröjde ännu många år därefter innan åtminstone allmogemän fick förtroende för banken och banken för dem. Och de som redan då var något äldre och obekanta med bankförhållanden, vågade sig inte använda den. Insättningarna gick dock betydligt fortare, varför kapital samlades i banken och medförde att absolut säkra kunder en eller annan

Figur 22 Hernösands Enskilda bank 1901
Bild från Stockholmskällan.se.

gång fick låna pengar. Samtidigt började man förstå att det på en revers kunde anges betalningsvillkor, som till exempel delbetalningar, tider, med mera och att reversen samtidigt var fullt laglig.

År 1860 eller 1861 kom Sjödin i affärer med en storhet, som inom sig ruvade på stora planer. Namnet var Friedländer & C:o. En uppgörelse kom till stånd att de i Junsele och Edens by skulle köpa ett vattenfall med plats för att uppföra en så kallad finbladig såg i Edensforsen. Jonas Sjödin fick i uppdrag att fara dit och göra köp med byamännen, som också skedde. Senare på hösten for han även upp och lejde hjälp att mura grunden till den blivande sågen och göra upp med byamännen om erforderligt trävirke, samt att ställa allt i ordning för att bygga sågen kommande vintern. Sågen byggdes också, men innan den blev färdig, började Jonas se och förstå att han lovade en sak, men utförde mindre, samtidigt som hans hustru i tid och otid var på honom att han skulle försöka komma ifrån Friedländer & C:o. Om det var hennes sjätte sinne eller något annat som fick henne till dessa uttalande visste inte Jonas, men det resulterade i att han framförde sitt missnöje med kompanjonskapet och bad att få utträda. Det blev dispyter kring detta, men till sist sålde han sin del, inklusive det arbete han utfört, för 400 riksdaler. Detta blev hans räddning eftersom företaget misslyckades grundligt. Sågen blev nog färdig och det sågades något år och bräderna släpptes i älven för att flottas ner till Hammar, men kostnaderna översteg vida intäkterna och det blev slutet för sågföretaget som såldes. Sista innehavare av sågen var riksdagsmannen Per Engman[16] i Näsåker och kyrkvärden Erik Lidén i Lidgatu. De brandförsäkrade sågen och betalde premierna i många år, utan att sågen användes och till sist brann sågen ner och brandförsäkringsbolaget fick betala sista kalaset.

Åren gick och jordbruket sköttes som vanligt. Sjödin var ofta borta på lantmäteriförrättningar både inom och utom socknen. Han hade även mycket att göra med fjärdingsmansbefattningen, mest för att gå omkring i fjällbyar och övriga utkanter av socknen för att kräva pengar av de personer som var skyldig pengar till stat och kommun. Han förde även flera fångar per år ner till Härnösand. Han hade nog många gånger arbetsamt och besvärligt med dylika sysselsättningar, men det var många gånger även nyttigt för honom då han bättre kunde hålla jämvikt i humöret.

Förhållandet var sådant att om han var hemma någon längre tid, började allting bli tråkigt och besvärligt, varför hans anhöriga inte var emot att han fick komma ut och bättra upp humöret, eftersom de då visste att det i vanliga fall blev bättre för honom. Han skötte sina

---

[16] *Per Engman var född i byn Djupsjö i Nordmalings församling och var ägare av ett hemman på i Näsåker. Per var förutom lanthandlare och hemmansägare även riksdagsman, landstingsman och nämndeman. Han var ledamot för Bondeståndet 1865–1866 och ledamot av Andra Kammaren för Sollefteå och Ramsele tingslag 1867, 189-1872 samt 1876-1880.*

75

förtroendeuppdrag punktligt och jordbruket mekaniskt, därför att affärerna var det som lockade honom mest.

1861 gick Sjödin i kompani med svågern och närmaste grannen Zachris Josefsson för att köpa hemmanet Fransåsen på 1½ seland av ene hemmansägaren Abram Franzén – hemmanet hade stora ägor i förhållande till skattetalet – för 4,000 riksdaler, dels för skogstillgången, dels och för att där få bättre fäbodsställe.

*

Hemmanet i Fransåsen [17]hade en särskild historia, som bör beskrivas. Den första man vet bott där var änkan Britta Andrietta. Hon var född 1740 och dog 1805. Hennes son nybyggaren Johan Olofsson var född 1767 och dog 1829. Denne Olofsson hade god framtidsblick och förvärvade så kallad införsel och inrymning i byarna Fransåsen, Mjösjön och Storhöjden. Detta innebar i korthet att han fick möjligheten att odla marken och erhålla de intäkter som marken gav. Han bodde på Fransåsen och uppfostrade åtta barn. Han odlade, bebyggde och kronlöste [18]Fransåsen och överlämnade alla tre ställena att delas mellan äldsta sonen Olof Jansson och yngsta sonen Per Jansson. Olof anlitade sågbyggmästaren Nils Jönsson för att anlägga en vattensåg, vilket efter diverse besvär även lyckades. Sågen fick ett mycket lyckat läge och användes i många år av Johan Olsson, liksom av hans söner. På den tiden körde Fransåsbönderna timret i stora skotor ner på Vigdsjöstranden och i lämpligt läge på våren rullades skotorna i notar ner i vattnet och fördes efter sjöns högra strand till sågen. Notarna kördes ofta med hästar, fast det lär varit svårt att få dem att gå sakta. Det var med andra ord ett nöje att vara ägare av Fransåssågen, men till sist kom ofärden. I mitten av

---

[17] *Släkten från Fransåsen har en egen hemsida Franåsen.se*

[18] *Kronolösen innebar ett sätt att köpa ett kronohemman, dvs ett hemman som ägdes av staten/kronan. En komplicerad lag som dessutom behandlades olika i Sveriges län.*

1840-talet så bildades ett bolag för att utgräva Vigdsjön [19]och av den anledningen skulle även sågen bort. Detta innebar att bolaget måste köpa en plats längre ned efter älven och flytta sågen dit. Tyvärr var det nya läget dåligt, med låg fallhöjd och en dålig grund för dammbyggnaden.

Dessutom var sågen gammal och delvis rutten, samtidigt som själva arbetet inte blev ordentligt utfört, varför sågen knappast kunde användas.

Johan Olofssons söner Olof och Per i Fransåsen hade stora problem i sina liv. Det största problemet var sannolikt spriten, men det sägs även att Olofs hustru bar skulden till viss del. Deras hem och familjer kom snart i fullständig vanvård som blev känt i Junsele och Liden.

Olof Jansson hade fyra barn, en son och tre döttrar som var ordentliga och arbetsamma. Ju äldre de blev desto bättre blev det i hemmet. Olof Jansson var i onyktert tillstånd och inom hemmet orolig och bråkig och saknade förmåga att skaffa sig gehör. På bygden fick han t.o.m. öknamnet "Spyfluga".

Per Jansson var en stor och stark man som pratade mindre, men hade ett bitande uttryck när han hade supit och kom osams med någon. Pers ekonomi var sämre än broderns och i hemmet växte nio barn upp i största elände.

Bröderna måste arbeta i Mjösjön för att behålla åborätten[20], men när frihetsåret började glida mot sitt slut beslöt de att sälja

---

[19] *Vigdsjön är en sjö i Sollefteå kommun i Ångermanland och ingår i Ångermanälvens huvudavrinningsområde. Sjön har en area på 1,11 kvadratkilometer och ligger 212,2 meter över havet. Sjön avvattnas av vattendraget Vigdån =Ottjärnån.*

[20] *Åborätt, juridisk term, rätten att leva på och bruka en annans mark. Den som hade åborätt kallades åbo. Liksom enskilda upplät kronan jord åt landbo (landbonde) mot handpenning och en årlig avgift (så kallad avrad). Landbon hade rätt att stanna kvar på egendomen under den bestämda legotiden, förutsatt att han årligen betalade avraden och höll hemmanet vid makt. Om åbo-skyldigheterna fullgjordes fick i allmänhet*

åborätten till Nybygget. Detta innebar att Olof kunde gifta bort sina döttrar och överlämna hemmanet till sonen Abraham Olofsson Franzén.

Figur 23 Gamla byggnader i byn Fransåsen. Bild från Västernorrlands museum år 1999

Jonas fick uppdraget att sy kläder åt Abraham inför hans systers – Kristina Dorotea – bröllop med hemmansägaren Abraham Andersson i Kläppsjön. Detta innebar att Olof ansåg sig som stor och mäktig, eftersom han hade fått en så rik måg. Tiden inför bröllopet for Olof Jansson en söndag till kyrkan, där han skulle åhöra predikan och taga reda på kungörelse, dödsfall, lysningar med mera, som kungjordes från predikstolen, samt precis som alla andra samla på sig allt skvaller som hänt under veckan. Hemkommen från kyrkan, något onykter berättade han att en dotter till Per Mattson i Bysjön, vid namn Lisa Kajsa, som tjänade i Rå, hade råkat i olycka. Detta ansågs visserligen inte i och för sig något att fästa sig vid, men gubben återkom till detta flera gånger och slutade alltid med *"att det var en vänlig överenskommelse"*.

---

en son kvarbli vid egendomen efter sin far, om den inte behövdes för något allmänt ändamål, men någon bestämd försäkran fanns inte.

Senare kom Lisa Kajsa till Fransåsen och man fick då veta att ärendet gällde Abraham. Efter besöket blev Olof elak som aldrig, men vreden gick inte över Abraham utan över Lisa Kajsa som han påstod narrat Abraham. Den här gången lät dock Abraham inte kommenderas av fadern, utan han erkände sig skyldig och lovade henne äktenskap. Eftersom Abraham samtidigt övertagit hemmanet kunde de hålla sitt bröllop i juli 1858 i det egna hemmet.

Nu började dock paret, som kallade sig Franzén, att uppträda som herrskap vilket innebar att utgifterna vida översteg inkomsterna. Man började på bygden tala om hans oförståndiga affärer och han lät tillgångarna glida sig ur händerna. År 1860 tog Franzén och hans farbror Per Jansson den ekonomisk lätta utvägen att sälja halva Fransås-skogen, Den såldes på fri avverkning under 20 år och tanken var nog att båda säljarna skulle reda sig några år, men i stället började bådas vandring mot undergången.

Trots försäljningen dröjde det inte länge förrän Franzén föreslog farbrodern Per Jansson att de skulle sälja hela sina hemman. Abraham sålde sitt hemman, inklusive födorådet för föräldrarna (*Olof Jansson med hustru*), till JP och Zachris och köpte själv ett hemman i Ottsjön. Även det sålde han och till sist avled han i Omsjö 1898.

För Per Jansson innebar det att han sålde hemmanet till Västanbäcks byamän och köpte sig själv ett hemman i Mo by i Junsele socken dit han flyttade 1861. Efter att hans hustru dött återkom han till Liden där han dog i lungsot 1872 som fattighjon.

Allt detta innebar att Västanbäcks och Kläpps byamän genom Jonas och Zachris var ägare till hela Fransåsen, men det var bara bysågen som var gemensam egendom.

KAPITEL 10
LIVET TILL HAVS

Detta kapitel är i sin helhet hämtade ur JP Sjödins egna memoarer
som han skrivit i sin bok "Vår släkt", utgiven 1921 på eget förlag.

En av anledningarna till att jag ville till sjöss var en ABC-bok med både bilder och verser som jag fick som väldigt liten. Alla verser var intressanta och roliga, men det var framför allt en som jag hade fattat tycke för:

> *Skeppet framilar på havets bryn,*
> *När vindarna fylla dess hissade segel.*
> *Dock bör man ej glömma den gyllene regel*
> *Att styra det varsamt och se emot skyn.*
> *Märka vad molnen och stjärnorna båda*
> *Och ofta på kompassen och fyrbåkar skåda.*
> *Undfly de farliga klippor och skär*
> *Och bedja till Gud, som all lycka beskär.*

Figur 24 Exempel på skonare. Bild från Sjöhistoriska museet.

Min resa startade med skjuts till Sollefteå i augusti 1859, där jag följande morgon fortsatte resan med ångaren Angur, som då fördes av kapten Lundqvist. På aftonen kom vi fram till Härnösand och där fick jag tag på en bostad, som dessutom blev min hemvist de år jag var till sjöss, hos före detta tullvaktmästaren E. Sundqvist.

Eftersom skonaren Venus låg för ankare närmast kajen gjorde jag försöket att få ett arbete genom att besöka kaptenen, som hette Pettersson, som då sa att han skulle återkomma morgonen därpå klockan sex och prata med styrmannen. Jag följde hans råd och inställde sig morgonen därpå, samtidigt med ytterligare två pojkar i samma ålder. Vi fick arbete när vi bevisat att vi kunde arbeta som styrmannen önskade. Det första testet var att föra några tunnor i land och sedan skrapa dem rena, vilket vi utförde, men då de två ynglingarna ville visa vem som bestämde blev det bråk mellan dem och jag. Det hela slutade med att jag lyckades fälle den större av dem innan styrmannen kom och avstyrde vidare bråk, men stämningen mellan oss var allt annat än god efter denna händelse.

Den första tiden var naturligtvis allting nytt för mig som många gånger utan instruktioner fick lov att lösa de uppgifter som jag blev tillsagd att utföra. Ett exempel var att jag skulle ro iland och hämta två tunnor salt i säckar. Rodden skulle utföras i en roddbåt, men med endast en åra. Att för första gången vicka sig fram på det sättet blev till ett stort nöje för dem som såg på, men jag kom fram till sist och en bokhållare hjälpte mig att fylla säckarna. När jag sedan skulle få de tunga säckarna till båten ville eller kunde inte bokhållaren hjälpa till eftersom det inte ingick i hans arbete. Det var en lycka att jag var en välväxt och stark bondson. Först skulle de mycket tunga säckarna bäras ut till båten och där lastas så att det blev jämvikt. När alla säckar var ombord skulle jag därefter vicka båten tillbaka till skeppet. Med stor möda och nästan enbart på viljestyrka lyckades jag med arbetet.

Under tiden som jag arbetade vid kajen på Venus anlände skeppet Örnsköld med kapten Nätterqvist och skeppet Fäderneslandet med kapten Källdén. På den senare fanns bland besättningen två sjömän som jag var bekant med, dels matrosen Johan Lidström, dels Vestberg från Sollefteå. De berättade att de mönstrat på Örnsköld som skulle gå till Sandviken, vid Umeå, och lasta bjälkar och att kaptenen omtalat att de skulle behöva en nybörjare. Jag var intresserad och med hjälp av Lidström fick jag erbjudandet och vi gav oss i väg till sjömanshuset. Detta var på den tiden inrymt i gamla rådhuset och där träffade jag ombudsmannen Rådman P.G. Rönnblad och mönstrade på Örnsköld som jungman med en ersättning på 14 riksdaler i månaden.

Efter att ha ägnat nästan en hel dag med att avsluta anställningen på Venus och göra nödvändiga inköp inför kommande resa fick jag reda på att alla skulle samlas ombord samma eftermiddag. Då upptäckte jag att de var sammanlagt 14 personer som skulle stuvas in i skansen med alla sina tillbehör i form av sjömanskistor, kojkläder, klädsäckar med mera och allt detta vräktes i en hög på durken varefter det uppstod bråk. Vissa ville äta kvällsvard, en del ville gå till kojs och en del ville gå i land igen. Efter ett tag visade det sig att alla for tillbaka i land förutom jag, som tog mig en koj och försökte slappna av. Det gick väl bra ett tag, men när alla kom tillbaka, en del lindrigt nyktra, och skulle ordna med liggplatser blev det åter livligt och omöjligt att sova. Efter den natten blev det på morgonen bättre ordning så att alla tillhörigheter kunde stuvas på sina platser och var och en fick sin egen liggplats.

På skutan var Abraham Nätterqvist kapten och förste styrman var Erik Nänzén. De var båda två stora, tjocka män som med svordomar och barska kommandon styrde över skeppet. På bryggan fanns även en andra styrman – Abraham Bergqvist – och kajutvakten som var systerson till kaptenen. Som besättning fanns det två matroser och två lättmatroser, en timmerman, fyra jungmän och en kock. På resan mot Umeå

fanns även fyra passagerare – tre engelsmän och en dansk – som skulle till sina hemländer. Orsaken att de var med var att det fartyg de rest med - Härnösandskeppet Carl von Linné - hade sprungit läck vid en grundstötning mot Holmön utanför Umeå.

Innan de avseglade och väntade på lotsen sa kapten till styrmannen: *"Låt matroserna, nybörjarna, gå till väders, så vi får se vad de duga till."* Mina två kollegor gick på

Figur 25 Exempel på råsegel   samma sida medan jag

83

klättrade vad han förmådde så långt tågvirket räckte. Det som hände sedan beskriver jag enligt följande, och då använder jag mängder av fackuttryck för dåtidens segelfartyg: *"Jag äntrade skalltoppen, på vilken jag drog mig så högt, att jag fick magen över själva kulan. Sedan balanserade jag kroppen till jämvikt och horisontell ställning, varpå jag sträckte ut armar och ben och höll balansen på det sättet under ungefär en minut. Först då fick jag se mina medtävlande nere i bramsalningen[21], och högre kommo de icke. När jag på nedgående kom till märslån, gick jag i pärten ut till nocken. Där begagnade jag toppläntan till hjälp för att komma stående på rån. Sedan gick jag på rån utan något stöd till rocken och sedan ner på däck"*. Det kom inga kommentarer om detta, men det blev ändå för framtiden klara fördelar för mig gentemot mina arbetskamrater.

När lotsen kommit ombord blev det mycket arbete för nybörjarna, som mestadels sprang omkring eftersom de inte förstod alla kommandon, men det skulle naturligtvis bli bättre med tiden. Skeppet blev klart för avgång med seglen satta och ankaret upptaget – på backen som det heter. Man fördelade arbetet och det sattes vakter, rorsman och utkik. Jag hörde till de som fick första vakten som var från klockan 8 på kvällen till 12 på natten.

---

[21] *Bramseglen sitter på bramstången som med en* salning, *bramsalningen, är fäst vid märsstången eller undermasten. Eftersom råsegel inte har en bom beslås revet uppe vid märsrån, så att det revade seglet inte behöver föras alltför högt. Pärt är en tunn* brädbit *eller* sticka. *Råseglet hänger ner från* rån, *vars ändor kallas rånock och kontrolleras med* skot. *Där finns även* brassar, *med vilka man kan vända rårna enligt vinden, och* boliner, *som drar seglens ytterkant framåt. Med* gårdingar *och* gigtåg *hissas seglet upp mot rån då det skall bärgas, för att sedan beslås med beslagssejsingar. Med revtalja hissas seglet en bit upp mot rån då det skall* revas, *för att sedan beslås med revsejsingar.*

Resan mot Umeå gick med god vind och vackert väder och följande afton var de framme vid Djupviken, som senare döpts till Sandviken. Där började jag och övriga att lossa barlasten för att göra i ordning för lasten som skulle bestå av bjälkar, som levererats av konsul Glas i Umeå. Under detta arbete fick jag göra flera resor upp till Umeå med roddbåt uppför älven i cirka 1,5 sjömil. Eftersom älven var ganska strid så måste man ha fyra roddare i slupen. Trots det, var det både trångt och arbetsamt att ro så att händerna domnade bort efter de 3–4 timmar som rodden tog. I Umeå fick man ofta vänta halva natten innan kaptenen återkom och roddarna blev trötta eller intog drycker som gjorde dem olämpliga att ro, men då var den strida strömmen till hjälp.

Figur 26 Den 6 april 1857 beslöt Lövö byamän att bygga en kajanläggning strax uppströms Holmsunds lastageplats, det vill säga i Djupvik. Bilden från 1900 och staketet gränsen mot Holmsund

Efter en sådan resa hamnade jag i bråk och försvarade sig genom att kasta bråkstaken på en kista. Av de äldre sjömännen fick jag veta att nybörjade sällan eller aldrig sa emot de äldre och än mindre försvarade sig, men tack vare mitt motstånd var det ingen som gav sig på mig fler gånger den resan.

85

Nu var det dags att lasta bjälkarna och för det arbetet behövdes hela besättningen, men även stuvare i land. Bjälkarna skulle läggas så att de genomlöpte hela skutan och det var viktigt att de höll samma tumtal hela längden. Däremot fick inte längderna vara lika långa för att passa utrymmet i båten och med hänsyn till de hinder som fanns i lastutrymmet. Jag blev satt att ute på en flotte att, tillsammans med Erik Jansson, hissa upp ena änden av bjälken med hjälp av en talja. När man fått tag i änden på skutan fick de lossa och förflytta taljan till andra änden för att lyfta den så att man kunde dra bjälken in i båten. Det var egentligen inget svårt arbete, men det blev ofta missförstånd mellan skeppets timmerman Garneij och stuvaren i land så att arbetet tog längre tid än vad det borde ha gjort.

En afton fick jag frågan från styrmannen om jag kunde mäta upp och räkna längderna, vilket i så fall innebar att jag skulle överta timmermannens plats på flotten. Jag svarade att jag ogärna ville såra timmermannen, men styrmannen svarade att det var han som bestämde och att han nästa dag skulle befalla mig att inta timmermannens plats. Det var ett besvärligt arbete för mig som var ovan och som dessutom hade att göra med den besvärliga stuvaren. Så småningom förlöpte arbetet smidigare och smidigare och dessutom upphörde allt bråk, vilket gjorde att arbetet började gå allt snabbare.

Djupviken var en ödslig plats där skogen hade avverkats och endast en liten byggnad var uppförd bland rishögarna. I den bodde då en äldre kvinna som med hjälp av en flicka hade ölförsäljning. När jag femtio år senare kom tillbaka hade platsen bytt namn till Sandviken och där hade uppförts tidsenliga byggnader och trädgårdar och var i storlek nästan lika stort som Holmsund. När lastningen var klar och jag började känna sig som en riktig sjöman, passade jag på att skriva en liten vers.

Inmönstrad var jag med vår kapten
Och det som jungman på färden
Han kursen satte på Understen
Och sedan vida kring världen.

Vid resan från Umeå kvarstod det gamla vaktsystemet, som fungerade så att på varje sida av båten fanns fyra man och varje vakt var på fyra timmar. Under vakten skulle man styra skeppet en timme och hålla utkik en timme. Övriga timmar var man ledig om det inte fanns andra göromål, men man måste befinna sig på däcket. Nu var det så att nybörjarna inte fick styra utan fick hålla utkik under två timmar i stället.

Figur 27 Exempel på rigg på ett segelfartyg. Bild från Sjöhistoriska museet.75

Jag hade redan tidigare fått reda på att man för att styra måste kunna kompassen och jag fick timmermannen att rita en kompass på ett papper och förklara hur den fungerade. Efter det så anmälde jag mig att styra och en dag bestämde styrmannen att jag skulle få försöka. Det gick väl inte alldeles smärtfritt, med tanke på att man hade motvind och jag därför fick styra "sick-sack", eller bidevind som det heter. Kaptenen hade hela tiden kontroll över hur fartyget styrdes genom att titta på kompassen som man kunde se både i kajutan som ute vid rodret. Efter

87

några dagar hade jag fått så pass stor vana att jag blev tilldelad rortörnen, dvs ordinarie vakt vid rodret. Det gick inte lika bra för Erik Jansson som hade god vilja men svårare att förstå.

*

När skutan passerat fyren Hoburg på Gotlands sydligaste udde blev det betydligt sämre väder. När min vakt skulle ut hade man precis ätit kvällsmat och det stormade och det skreks ut kommandon som jag i min okunnighet varken förstod eller kunde utföra. Jag sprang mestadels omkring och började bli alltmer illamående. Mitt i detta kom styrmannen och skrek åt mig: *"Upp och bärga seglen!"* Trots att jag försökte protestera eftersom jag kände sig så sjuk blev jag motsagd av styrmannen och jag retade sig så pass mycket över detta att jag fick ny styrka och klättrade upp tillsammans med andra sjömän. Jag kom upp och höll mig fast i rep och märsrån och visste inte hur jag skulle komma därifrån. Då släppte magen och jag kräktes ohyggligt utan att fundera över var det hamnade. I stormen for nog det mesta ut över sidan på skeppet, men jag tänkte bara på att tömma ut allt som fanns i magen. Detta innebar dessutom att jag genast blev så pass mycket bättre att jag kunde förflytta mig och till och med hjälpa till med att reva seglen innan jag fullständigt färdig kunde ta mig ned på däck igen. Detta var första och enda gången som jag blivit sjösjuk och jag skyllde det på den strömming som jag åt strax innan.

Stormen upphörde efter ett tag och resan fortsatte rätt långsamt mot Helsingör, varefter vi fortsatte genom Kattegatt och Skagerack med målet England. Det blev en mindre storm i Nordsjön och sedan krångliga farvatten genom engelska kanalen, förbi Englands västligaste udde till Lundy och sedan in genom Bristolkanalen till destinationsorten Bristol. Jag hade hittills sett städer som Härnösand, Umeå och Helsingör, men även om de städerna var vackra var det ingenting mot Bristol. Man seglade in i en kanal rakt emot ett högt berg, som sedan visade sig ha en smal öppning med bergstoppar på båda sidor. Mellan dessa berg hade man byggt en hängbro högt upp så att ingen skepps mast kunde nå den och jag funderade om han skulle våga gå över den bron. När man passerat berget vidgade sig landskapet och man kunde se staden, som då hade omkring 250,000 innevånare och som låg inbäddad mellan höjderna. I Bristol fick jag dessutom se järnväg och lokomotiv för första gången i mitt liv.

Första kvällen i Bristol skulle de engelska passagerarna och några ur besättningen gå i land och även jag fick följa med. De gick omkring i staden och passerade flera broar för att komma in till centrum. Vid en av dessa broar skulle man ha en avgift och eftersom jag och de svenska sjömännen inte hade engelska pengar och vakten inte ville ta emot svenska pengar gick jag med på att lämna sin börs som pant för att komma tillbaka och betala följande dag. Vad som då hände var att när jag kom tillbaka dagen därpå fick jag besked om att engelsmännen redan varit där och betalat och naturligtvis även tagit hand om börsen med de svenska pengarna. Föreståndaren tyckte det var tråkigt, men jag kunde inte göra något åt det och svarade att det var lärpengar.

På den tiden fanns det i Bristol, precis som i Sverige öppna kaffehus. Det i Bristol var ett mycket stort hus som hette Poste Office och låg alldeles vid kajen där skeppet låg. När besättningen fått en del av sin lön tillbringade många av dem tid i detta kaffehus. Lokalen var väldigt lång och i ena änden fanns en scen där det satt tolv musikanter som spelade på kvällarna och långt in på natten. Det fanns även flickor, eller som jag kallar dem fruntimmer – som mot betalning av en penny dansade med karlarna. Dansade man ett varv var man oftast belåten eftersom det var en så stor lokal. Under pauserna måste männen bjuda flickorna på vin eller öl och det gällde även de som inte dansade eftersom hela ställets inkomster baserades på serveringen. Nu var det inte alltid så trevligt som det kunde vara eftersom både män och kvinnor kunde bli tämligen bråkiga och grälsjuka. En kväll fick jag se hela tolv kvinnor som kom i slagsmål. Det började som mindre gruff, men slutade med att hår, hattar och fina kläder revs sönder och det verkade som man försökte riva av kläderna av varandra. En av dessa kvinnor, en stor och stark engelska, som sjömännen kallade för "Karl XII", hade ovanlig styrka och slogs tappert utan att själv bli träffad. Det hände att en del män försökte gå emellan, men när de själva blev slagna så de började blöda var det inte många som ville blanda sig i. Efter ett tag kom det sex stora poliser med höga hattar och slagsmålet började avta. Efter korta förhör tog poliserna hand om en del av bråkstakarna.

Efter att de lossat lasten blev det mycket arbete med att rengöra båten speciellt för nybörjarna. Det var ett av de tråkigaste jobben som dessvärre inträffade varje gång man låg i land och inget annat fanns att arbeta med. Efter detta avgick skutan från Bristol till Cardiff för att där lasta kol som skulle fraktas till Gibraltar. Lastningen i Cardiff gjordes av arbetare från land och genomfördes under en natt varför skeppet kunde ställas i ordning morgonen därpå och avsegla när vinden var lämplig.

Seglatsen mot Gibraltar var händelselös och rätt långsam eftersom vi fick motvind mest hela tiden. På julafton 1859 passerade vi Kap Sant Vincent, en fyr på Portugals sydligaste udde, i vackert väder

Figur 28 Gibraltar hamn på 1890-talet. Okänd fotograf,

och med god vind. På julaftonskvällen fick vi en riktig julmiddag och hela besättningen hade klätt sig i finaste kläder, men mitt i middagen kom en cyklonartad by med mycket regn och hög sjö. Det blev bara för oss att börja bärga seglen och det fick vi hålla på med hela natten. Jag förlorade under den natten en så kallad Skottsmössa som jag köpt i Bristol, men jag konstaterade att det hade varit värre om jag själv hade blåst över bord.

Den sydvästliga stormen fortsatte hela natten och juldagen, vilket innebar så god fart att vi redan på aftonen under juldagen kom fram till Gibraltars redd. Det var besvärligt att gå in till Gibraltar eftersom det är mycket stark ström i sundet, samtidigt som vinden pressade på. Med hjälp av ankarna och hårt arbete med att hålla fast ankarlåsen lyckades vi tillbringa natten utan missöden. Följande morgon började stormen och sjöarna att lägga sig så att vi kunde förflytta oss till kolmagasinet.

Natten mot första söndagen efter jul kom det en häftig storm med kastvindar så att vattnet yrde åt alla håll. I och i närheten av

Figur 29 Gibraltar från gammalt vykort

Gibraltar hände det dygnet att 32 större och mindre fartyg hade blivit vrak. Jag såg minst hundratalet fartyg som fått riggen söndertrasad och med nödflaggor uppe. Det gick dessvärre inte att hjälpa någon eftersom man hade fullt arbete med att rädda det egna skeppet. Även Örnsköld drabbades då man vid kolmagasinet kolliderade med kajen – som egentligen var gamla segelfartyg som satts samman - så att det uppstod ett stort hål nära vattenytan. För att undvika ytterligare kollision på samma ställe använda vi ankaret för att förflytta oss, men då blev det skador på akterskeppet i stället. Det blev ett tungt arbete för alla de hundratals skepp som kommit in för att lossa eller lasta hade motsvarande problem. Nere i vattnet blev dessutom kättingar och ankare sammanblandade med följd av svåra och tidsödande arbeten efter stormen. Ett amerikanskt fartyg kom farande med bara trasor till segel och valde att styra rakt upp på land eftersom skeppet sprungit läck och blev nu till ett vrak.

Efter två dagar med detta väder var jag trött på Gibraltar, men redan på nyårsdagen badade jag och hela besättningen långsides med skeppet i det härligaste väder. Det var så varmt att man inte ens kunde gå barfota på däck. På grund av stormen och alla haverier drog lossningen av kolet ut på tiden ordentligt. Vi blev kvar i Gibraltar i hela 41 dagar.

Nu var det så att det alltid måste finnas folk kvar på båten med tanke på väderväxlingar och stormar, varför det inte blev allt för ofta som besättningen kunde komma i land. Jag blev förtjust i Gibraltar trots allt detta. Det fanns gott om färsk frukt, men kunde till och med få ett glas vin och de gånger man fick gå i land var det en upplevelse. Gibraltar var inhägnad med en stor och dyrbar stenmur och på den stod en mängd kanoner utplacerade. Det fanns två ingångar till staden med dubbla kärnportar och djupa vattenfyllda löpgravar mellan portarna med järnbroar som övergångar. Varje kväll klockan halv sex sköts ett kanonskott och 40 minuter därefter stängdes portarna. Oavsett person eller stånd öppnades aldrig grindarna förrän påföljande morgon.

Eftersom man inte kunde komma iland så ofta ordnade besättningen det så att de som gick i land fick lov att handla och uträtta ärenden åt övriga. Det fungerade riktigt bra, men en gång så blev det några problem när mina vänner Lidström och Eriksson skulle besöka Gibraltar. När slupen kom för att hämta dem på kvällen var Eriksson där, mycket berusad, men inte Lidström. Var han var kunde inte Eriksson ange och nu var stadsportarna stängda. Eriksson hade fått för sig att Lidström hade blivit ihjälslagen och ville inte följa med tillbaka till båten, men det lyckades roddarna med så småningom. Jag, som var kojkamrat med Eriksson, försökte på alla sätt få honom att lugna sig och fick honom till sist att somna. Dagen därpå kom kaptenen och ropade att två man skyndsamt skulle gå i giggen för att ro honom till staden så att han kunde ta reda på vad som hänt Lidström. Bestämmelserna var dessutom så att om man var borta mer än 24 timmar ansågs det att man hade rymt och det var straffbart.

När kaptenen kommit in till staden och gått till polisstationen fann han Lidström där i häktet. Han hade varit så redlöst berusad att polisen varit tvungen att ta honom i förvar. Kaptenen fick nu lösa ut honom och betala hans böter för fylleri, men eftersom kaptenen var god vän med Lidströms bror som också var kapten gick det väl an, men Lidström fick inte följa med kaptenen i slupen tillbaka till skeppet. I stället fick han ett par skilling så att han själv skulle kunna ta sig tillbaka till skeppet. Det gjorde han också och berättade då att han, även utan Erikssons hjälp, hade intagit Gibraltars fästning och att beviset skulle ske genom att svenska flaggan skulle vaja nästa dag på fästningen. Det är möjligt att det fanns någon i besättningen som trodde honom men någon svensk flagga fick man aldrig se på fästningen.

Att det bland besättningens alla män fanns de som använde sig av allahanda lättsinniga tjänster med sjukdomsföljder, det hände

93

alltid. Kocken Johan Olofsson försökte i det längsta hemlighålla sin sjukdom, men så snart det blev känt fråntogs han genast kocksysslan. Medicineringen gick i regel ut på diet och svält vilket gjorde de sjukas lidande ännu större. Kött och fläsk var så gott som förbjudet för de sjuka och i stället för kaffe fick de avkok av upphugget ebenholtsträ.

Bland besättningen fanns det många olika människotyper. En av de mer elaka var Lagergren – procentaren. Han lånade ut pengar och socker mot skyhög ränta, vilket var förvånande med tanke på att han var både dum och vrång, samtidigt som han var en av de fegaste när man skulle klättra upp i riggen. Eftersom Lidström var en man som oftast ville vara i medelpunkten höll han på med att trolla och spå i kort. De flesta av oss förstod hur han hittade på men det gjorde inte Lagergren som blev så tagen av något Lidström hittat på, att han i förtroende till Lidström erkände att orsaken till att han gått till sjöss var att han hade slagit sin egen far. Hur allvarligt fick Lidström aldrig veta, men det medförde ett särskilt förhållande mellan dessa två.

Vid den tid vi var i Gibraltar pågick krig mellan Spanien och Marocko och vi hörde kanondunder dagligen. Spanjorerna hade även hyrt flera skepp, bland annat skonaren Hoppet från Härnösand som magasin där man förvarade tross och matförråd. Gibraltar var även en krigshamn med en station för engelska flottan. Det fanns stora linjeskepp där med tre kanondäck på sidorna och fyra däck kanoner i för och akter. Varje dag övade man och varje dag satte man segel för att ta ned dem på natten. Det enda som hördes var visselpiporna och det var trevligt att se och höra deras manövrar. Alla dessa fartyg drevs med segel, men de hade även ångmaskiner som användes under strid eller när det stormade.

Jag tyckte mycket om den frukt som såldes på Gibraltar frukttorg, som låg strax utanför fästningsmuren. Där kunde jag köpa åtta stora apelsiner för en penny, vilket då motsvarade ungefär 7 öre i svenska pengar. Att överhuvudtaget kunna köpa färska apelsiner var inget som jag hade kunnat göra hemma.

För att laga skeppet användes spanska timmermän, som var mycket duktiga och kanske något långsammare än de svenska, men arbetet blev ordentligt gjort varför Örnsköld kunde lossa kollasten och lasta barlast för återresan till Cardiff. Under kommande år, då jag aldrig återkom till Gibraltar utan bara seglade förbi, tänkte han mycket på dessa 41 dagar som en trevlig plats trots alla besvärligheter som uppstod under vår vistelse.

*

Resan från Gibraltar till England och Cardiff skedde utan några missöden, men för att komma in till Cardiff uppstod problem. I det trånga farvattnet där tidvattnet kunde komma upp i hela 8 knop gick det inte att kryssa när det var ebb, varför man endast hade sex timmar på sig att under flod försöka kryssa sig in till redden. Nu hade skeppet lots ombord som hjälpte till att få båten på plats, men när blåsten övergick till storm uppstod nya problem. Örnsköld blev tvungen att lägga i två ankare och eftersom det var trångt så fick ankarkättingarna känna påfrestningar både från egna skeppet och andras, vilket medförde stora problem att senare få upp ankarna och komma i väg.

Dagen därpå kunde vi sedan segla vidare in i dockorna som bestod av tre slussar så att vi vid sista dockan kom att ligga högt vid kaj. Där lossade vi först barlasten och skrubbade lastrummet rent för att förbereda för ny last. Från Cardiff skulle vi nu lasta järnvägsskenor och järn som användes som slipers. Även den här gången bestämdes att jag skulle räkna lasten och trots at jag inte kunde mycket engelska gick räkningen bra. Det var dyrbar last och det fanns bestämmelser som kunde medföra rättsliga följder om det blev fel, varför styrmannen förvarade boken i sin säng om nätterna.

95

Lastningen tog flera dagar varför besättningen på nytt började med sina oförsiktigheter och gick in i staden och gjorde av med sina slantar. Lagergren lånade som vanligt ut pengar mot skyhög ränta och en gång till Grels Vestberg då han fick dennes kavaj i pant. Grels hade motsvarande fordran hos kaptenen, men när kaptenen dröjde och lånetiden gick ut ville Grels förlänga lånetiden, vilket Lagergren nekade till. Jag råkade ha det begärda beloppet och ville betala åt Grels, men då vägrade Lagergren att ta emot beloppet. Hela besättningen började då att protestera så kraftigt att Lagergren till sist gick med på det och återlämnade kavajen till Vestberg. I stället blev Lagergren väldigt elak mot mig och till och med hotade mig till livet. Kvällen därpå när jag gick i land följde Lagergren efter med ett tillhygge för att ge sig på mig, som hade sällskap av Vallgren varför hämndförsöket misslyckades.

Att stuva dessa järnstänger var ett komplicerat arbete inte minst för att skeppet skulle vara sjödugligt och då stängerna var grova och 24 fot långa var det inte många som orkade lyfta ena änden på dem. Detta innebar att för att flytta stänger måste man använda spett och krokar som sattes i hålen på skenorna. Nu jobbade vi bara dagtid och besättningen fick därför gott om tid att på kvällar och nätter göra av med sina pengar på fruntimmer i land. En natt kom både styrmannen och Lidström springande bara delvis klädda, med strumpor och kalsonger i fickorna. Anledningen till denna flykt behöll dom dock för sig själva, men att det rörde sig om kvinnoaffärer förstod nog samtliga.

Att ligga i England och lasta i februari och mars månad var mindre trevligt, då det i allmänhet var ganska kyligt med blåst, dimma och kolrök, så man sällan såg någon solstråle. Det hände även gång efter annan att det bildades is på både trossar och däck med de problem det medförde. När lastningen var klar låg vi och väntade på lämplig vind. Det var fredag och det anses mycket vågat av en skeppare att gå ut till sjöss på en fredag, då det bebådar olycka. Jag skrev då en av sina många verser:

Det är skönt, när man stäven vänder
Från Englands kuster till Spaniens länder.
Där druvan glöder, varthän man ser.
Vad kan en sjöman väl önska mer.

Örnsköld låg kvar under helgen delvis att nämnda skäl, men framför allt av att styrman Erik Nänzén blev svårt sjuk och läkare tillkallades. Denne förklarade att det var fråga om en mycket svår nervsjukdom som innebar att han inte tålde att någon lem vidrördes. Det fanns ingen annan råd än att han måste lämna båten och på måndagen fördes han i land. Kaptenen följde honom till sjukhuset och lyckades även skaffa en ny styrman från det svenska skeppet Matilda Kristina. Det var deras andre styrman och en bror till Erik Nänzén som hette Pelle Nänzén.

Efter alla dessa besvär kunde vi lämna Cardiff och ställa in kursen mot Barcelona i Spanien. Resan ned mot Gibraltar gick utan missöden och när vi kom in i Medelhavet blev det blidväder, soliga dagar och mörka nätter. När vi närmade oss Barcelona och passerade dess fästning fick vi se en hel mängd av svävande pappersdrakar högt uppe i skyn. Det var en märklig syn som jag aldrig sett och det såg ut som miljontals fåglar som kretsade ovanför fartyget. När båten närmade sig land kom det dessutom mängder av småbåtar mot skeppet för att sälja frukt och sprit. Det blev en hel del handel innan pengar tog slut för besättningen eller när kaptenen satte stopp för vidare handel.

När kaptenen och mottagaren av lasten gjort klart med inspektionen kom man fram till att lasten skulle lossas långsides i båtar där Örnsköld hade ankrat. Även lossningen gick mycket långsamt och samtidigt slöts det fred mellan Spanien och Marocko. Eftersom Spanien hade vunnit en lysande seger anordnades en tre dagars fest. Det var en av de största festerna som besättningen och jag varit med om. När festdagen kom, var alla blickar riktade mot havet och klockan halv elva hördes salut från havet. Saluten besvarades omedelbart från fästningen och det såg ut som om hela staden for ut för att möta fartygen. Över hela redden samlades flaggprydda båtar, fullastade med högtidsklädda män och kvinnor. Det var så fullt av båtar att man inte kunde tro att krigsfartygen skulle kunna komma fram utan att ställa till med olyckor.

Under tiden detta virrvarr pågick började röken synas från havet och då fartygen passerade fästningen saluterade de igen, vilket även då besvarades från fästningen. Där kom fyra stora krigsfartyg fullastade med krigsfolk i sakta mak in glidande mot båtflottiljen och genom densamma. De hyllnings- och hurrarop som höjdes var öronbedövande. Fartygen gled alldeles bredvid Örnsköld och även om jag just då höll på med målning kunde jag inte annat än gapa hela tiden. Fartygen var så stora att de inte kunde gå till kaj, men då la man ut pontonbroar försedda med ledstänger så att alla kunde ta sig i land torrskodda. Samtidigt med detta åt vi middag och efter middagen skulle vi fortsätta arbetet, men då sa kaptenen: "*Åt helvete med skrubba nu och låt besättningen gå i land!*" Det var välkomnande ord varför vi gjorde oss i ordning, bytte kläder och alla for i land förutom kocken som blev tvungen att stanna kvar ombord.

Barcelona ligger i Katalonien och är Spaniens största sjöstad med omkring 450,000 innevånare, Det är en mycket gammal stad med smala gator. Husen är ofta 8–9 våningar höga med altaner för varje våning så att man kan vistas däruppe. Utanför staden finns en stor och vacker trädgård med alla möjliga växter och träd, främst fruktträd. Man skulle även kunna kalla trädgården för en djurgård, då det finns alla möjliga fåglar där från de minsta upp till strutsfåglar. Mellan hamnen och staden ligger en förstad som kallas Barceloneta där det fanns ett stort torg med en stor och dyrbar vattenkonst. Eftersom drottning Isabela hade bestämt sig att övervara festen hade man där uppfört en stor fyrkantig sockel där hon skulle sitta när hären passerade. Av någon anledning hindrades drottningen att närvara, men ändå var hon där, men konstgjord. Det var nämligen en staty iklädd guldkrona och dräkter som var uppställd på sockeln. På torget startade festligheterna med att de hemkomna krigarna ställde upp i formation innan de gjorde sin Eriksgata genom staden. På gatan som ledde från torget in till staden hade man rest en triumfbåge, smyckats i de vackraste färger. På båda sidor om bågen fanns konstgjorda ryttare och hästar i naturlig storlek, föreställande bemärkta krigare. Alla gator där tåget skulle passera var överdragna med spansk flaggduk, en vägbredd för varje våning. Detta höjde feststämningen mycket och var väldigt exotisk för nordborna från skeppet.

På torget fanns det ungefär 20,000 personer och med två förridare satte tåget i gång mot staden. Eftersom inte bara militären utan även civila följde med blev det trång på de smala gatorna. Jag följde också med tillsammans med Lagergren och fick uppleva vad riktig trängsel betydde. Eftersom tåget utökades vid varje gatukorsning blev det så trångt att man omöjligt kunde komma ut, stanna eller göra något annat än att bara följa med. Alla fönster och altaner var fulla av människor och oväsendet var öronbedövande. Åskådarna kastade presenter till soldaterna och ropade slagord med stor patriotism.

Varje kväll under dessa festligheter spelades teater där kriget visades. Jag gick ofta dit, alldeles ensam och upplevde dessa teaterstycken som väldigt storartade. Trots att teatern spelades inomhus

Figur 30 Gamla Barceloneta. Foto från vykort

tyckte jag mig se kriget med sina trupper, elden från gevären, fartygen på havet och jag kunde verkligen leva mig in i det fruktansvärda som ett krig trots allt alltid är. Själva föreställningen var gratis och jag köpte ett glas rödvin och satt där kväll efter kväll utan att någon sade något.

Under vistelsen i Barcelona fick Örnsköld det sorgliga meddelandet att kapten Jöns Nänzén, som var bror till nuvarande styrmannen och kapten på Matilda Kristina, hade dött genom en olyckshändelse ombord på ett norskt fartyg. Nu hade alltså en bror Nänzén blivit lämnad i Cardiff, svårt sjuk och en annan bror dött i olyckshändelse. Det var naturligtvis ett hårt slag för styrman Pelle Nänzén och även för Örnskölds kapten.

Under vistelsen i Barcelona ställde vissa av besättningen till det för sig och för andra. Bland de som var mest äventyrlig var självklart Lidström och han ställde dessutom till det för sina kamrater. Nu blev det inte några allvarligare följder av allt detta, förutom att flera ur besättningen drog på sig onödiga sjukdomar. Avresan skedde utan större besvär, men med tanke på vindförhållandena i Medelhavet var kaptenen tvungen att ha flera alternativa rutter. Han startade med kursen inställd på Cagliari, men ungefär halvvägs vände vinden varför kaptenen ändrade kurs mot Torrevieja. Det fungerade ända tills man passerat Balearerna då vinden åter vände och fartyget blev tvunget att kryssa sig fram. Efter ett tag blev vinden så hård att kaptenen än en gång ändrade kurs och nu mot Sardinien. Efter att ha tvingats att vända ytterligare en gång kom vi efter nio dygn fram till Torrevieja.

Torrevieja har ingen hamn varför vi ankrar vid en lång sandstrand. Många båtar från lokalbefolkningen kom ut dagligen för att sälja frukt och eftersom besättningen sällan hade pengar använde man sig av byteshandel, det vill säga man stal tågstumpar och segelväv och använde detta som betalningsmedel. I Torrevieja skulle vi lasta salt och som många andra platser kunde befolkningen prata en blandning av de nordiska språken. Saltet fördes ut till skeppet i stora barkar på 2,000 tunnors last i varje. Eftersom det blåste en hel del gick lastningen långsamt och dessutom verkade det som spanjorerna var rädda för regn. Så fort det kom några droppar sökte man skydd, men det verkade som om man bara fick skydd för huvudet så var det inte så noga med övriga kroppen.

På den här tiden fanns här en 74-årig frukthandlare vid namn Don-Nisse. Han var mycket trevlig och långt före sina kollegor. Han hade egna roddare och gick direkt till kaptenerna i kajutan och till besättningen i skansen och tog upp order på vad man ville köpa. Han talade dessutom någorlunda svenska och eftersom han var både språksam och hederlig blev det så att svenskarna oftast handlade av honom.

*

När lasten var stuvad klarerades den för Stockholm som var vårt nästa mål. Hemresan gick som normalt, det vill säga med sidvind, motvind och medvind. Inga händelser är värt att nämna och besättningen börja förbereda sig för hemkomsten. En åtgärd var att spara på sina finkläder och under resan slita ut alla andra kläder. Ett par sjukdomsfall inträffade också, där Eriksson blev svårt angripen av smittkoppor och eftersom han delade sängplats med mig blev jag lite orolig för min hälsa. Nu klarade jag mig och Eriksson klarade sig också förutom att han blev förfärligt kopparärrig. Dessutom fick Grels Vestberg någon form av frossa som höll honom i sängen och gjorde honom fullständigt utmattad.

Till sist anlände Örnsköld till Stockholm där Lagergren omedelbart ville mönstra av för att fara till Kalmar. I samband med att han följde kaptenen i land för att mönstra av öppnade några ur besättningen Lagergrens sjömanskista för att där hitta många saker som blivit stulna under resan. Det var inte alltid så värdefulla saker som Lagergren stulit, men man hittade åtminstone en sak från varje besättningsmedlem och dessutom bröd, socker och smör. Man tog tillbaka alla sakerna och bytte dessutom ut socker och smör med oätliga saker vilket säkert kom

Lagergren att bli väldigt arg när han väl öppnade sin sjömanskista. Det var sista gången som åtminstone jag såg Lagergren.

Figur 31 Stockholms hamn 1880. Foto: Frans Gustaf Klermming

Lossningen i Stockholm gick mycket långsamt eftersom vi skulle lossa lasten på flera olika ställen. Allt detta blev till stor besvikelse för nästan hela besättningen eftersom man hellre ville hem än att tillbringa kvällarna i Stockholm med alla dess frestelser. Det hade behövts starka karaktärer för att undgå vin och kvinnor och det fanns inte många sådana karaktärer i besättningen. En del la sig inte heller vinn om att försöka, som till exempel Lidström och Eriksson. Lidströms karaktär var mycket skiftande i synnerhet ute på sjön. I storm och dåligt väder var han på motsvarande humör och när solen sken och det var varmt blev han upptågsmakaren. I land blev han i regel full eller åtminstone halvfull och gjorde alla möjliga spektakel eller i värsta fall blev det bråk och slagsmål. Eriksson var däremot väldigt ordentlig då han var nykter, men full blev han kitslig. Han var ingen slagskämpe, men ville gärna delta om det uppstod gruff. Fick någon in ett hårt slag på honom sprang han i regel gråtande därifrån. Både Lidström och Eriksson ville gärna att jag skulle följa med dem på olika äventyr och det hände även någon gång.

En händelse som jag var med om var när de tre var ute i Stockholm och kom i kontakt med ett par skräddargesäller. Efter att dom bjudit på dricka så länge dom hade pengar tyckte Lidström att det var dags att bjuda igen. Han föreslog att vi skulle åka till en föreställning ute på Ladugårdsgärde men på något sätt lyckades Lidström lura kusken att de var förföljda och innan skräddargesällerna hunnit komma ombord på skjutsen satte kusken i väg. Nu hade Lidström ju betalt i förväg även för gesällerna varför jag tyckte det var oförsvarligt dumt, men Lidström tyckte själv att det var styvt uttänkt.

Senare på kvällen träffade jag, Lidström och Eriksson handlaren Öhlén från Eds socken som de kände sedan tidigare. Förslaget var att alla skulle åka till Ladugårdslandet och övervara föreställningen på "Manégen". Lidström lyckades köpa fyra biljetter, men två av dem, som han och jag fick, var på läktaren medan de andra två var ståplatser i skymundan. Lidström njöt av sitt bedrägeri, men började strax efteråt att prata högt och spydigt mot personer i vår närhet. Trots protester och mina försök att få honom tyst fortsatte han ända tills bänkgrannarna tillkallade polis som förde Lidström från platsen. Efter föreställningen, som jag fann tilltalande, kunde jag inte hitta de andra i sällskapet och begav mig därför ensam tillbaka till båten. Lidström dök inte upp förrän morgonen därpå, utsliten och utan mössa. På det sättet brukade det i regel gå när man hade sällskap av Lidström.

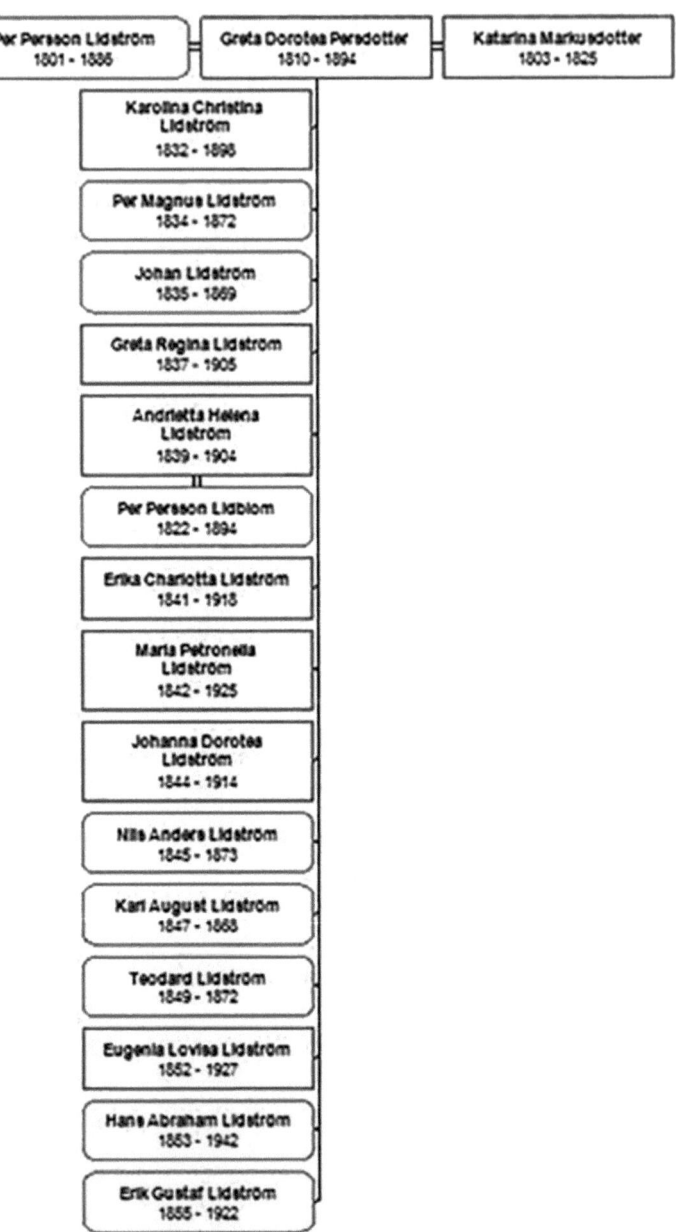

Figur 32 Familjen Lidström från Näsåker med bröderna Per Magnus och Johan

104

När hela saltlasten, förutom 50 ton, som skulle utgöra barlast, var lossat, satte Örnsköld segel med kurs mot Härnösand. Inte heller under den delen av resan hände särskilt mycket och till slut var vi framme i Härnösand. Där blev det avmönstring och löneutbetalning för de som inte förstört alla pengar under resan. En som råkade illa ut var styrman Bergkvist, vilket i sin tur påverkade mig. Bergkvist var skyldig mig 17 riksdaler, men det visade sig att Bergkvist hustru hade utkvitterat hans lön så att tillgodohavandet var noll och intet. Orsaken till skulden var att jag hade köpt tyg till byxor och västar där Bergkvist fått det ena paret med villkoret att han skulle betala när man kom till Härnösand.

Ungefär samtidigt som Örnsköld anlände till Härnösand kom även skeppet Fäderneslandet. Kapten på den båten var Per Magnus Lidström och det var tydligen beslutat att hans bror Johan Lidström från Örnsköld skulle mönstra på Fäderneslandet som konstapel. Bröderna Lidström frågade mig om jag var intresserad att följa med dem på skeppet Fäderneslandet. Nu var Fäderneslandet ett gammalt utslitet fartyg i motsats till Örnsköld, men jag accepterade ändå erbjudandet. Däremot så ville inte Eriksson följa med och vännerna Lidström och Eriksson skildes för alltid.

Innan arbetet ombord på Fäderneslandet påbörjades for jag och Johan Lidström hem till Liden för att hälsa på föräldrarna. Under det år jag varit hemifrån hade inte mycket förändrats på hemmanet i Kläpp. Fadern skötte både jordbruk och sina affärer och brodern Hans Jakob hjälpte till främst med jordbruket.

*

När Fäderneslandet skulle påbörja lastningen kom redaren, rådman Jonas Sjödin ombord för att göra en assuransbesiktning, dvs motsvarande en försäkringsinspektion. Det var en ordentlig inspektion som började med kraftiga yxhugg på olika delar av fartyget vilken kapten Lidström protesterade mot. Redaren var besvärlig och kom ombord varje dag utan att bli belåten med vad han såg. Styrmannen vågade inte säga något, men jag tog mod till mig och motsatte mig saker som jag ansåg vara orätt. Nu blev rådmannen inte ond på mig, men frågade vem som hade gett mig tillståndet att heta Sjödin, liksom han själv. Vi var ju på inte något sätt släkt med varandra och ingen av oss visste hur det kom sig att vi hade samma efternamn.

Figur 33 Oran grundades på 900-talet och var under medeltiden en blomstrande handelsstad under olika muslimska härskare. Med utbyggnaden av hamnen växte Oran kraftigt från slutet av 1800-talet. Bilden från nutid.

Skeppet lastades med omkring 1,000 tolfter 3 tum 9 tums 14 fots bondbräder, som var den vanliga sorten som skeppades till Medelhavet. Nu var lasten inte såld utan vi skulle segla till Oran på Afrikas nordkust för att sälja dem där, eller om det misslyckades sälja dem i Marseille i södra Frankrike. Resan började inte som vi ville eftersom det redan tredje dagen föll en man överbord och drunknade. Dessutom fick vi i Helsingborg reda på att skeppet och lasten strukits från assuransen, det vill säga båten var oförsäkrat och betraktades inte som sjövärdig.

Efter 52 dygn när skeppet ständigt läckte och besättningen fick stå vid pumparna dag som natt kom vi fram och ankrade vid Mers el Kebir, en förstad till Oran. I tre dagar underhandlade vi och fick till sist lasten såld för 50 francs per tolft. Tidsmässigt var det nu julen 1860 och julkvällen firades i härligaste väder och svartaste mörker. Det badades i varmt vatten under julhelgen och jag och Lidström for till staden Oran under nyårsdagen. Det var så varmt att man inte kunde vara i solen på dagtid. På kvällen var det ett fantastiskt folkliv med de vackraste sidendräkter till i stort sett ingenting på kroppen. Jag och Lidström träffade en tysk sjöman från Hamburg och trots språksvårigheter gick vi in till rika araber och köpte kaffe. En annan dag följde både jag och konstapel Lidström med kapten Lidström till staden och under båda dessa besök skötte sig Johan, mot vanan, bra.

Däremot återgick Lidström till sina ovanor en annan kväll då han tillsammans med mig träffade några norska sjömän som var besättning på en norsk skuta som låg inne i hamnen för reparation. Uppe på ett krön fanns ett mindre matställe och konstapel Lidström frågade om de inte skulle följa med och äta på hans bekostnad. Alla svarade naturligtvis ja på detta och när alla 8–9 personer satt till bords och maten började komma in så steg plötsligt Lidström ut, samtidigt som han sparkade mig på benet under bordet. När han inte återkom efter att vi börjat äta ursäktade jag mig och sa att jag skulle se var Lidström tagit vägen. Ute i det svarta mörkret hörde jag Lidström säga: "Spring för djävulen". Tillsammans sprang vi för allt vi var värda och kom så småningom fram till båten som vi rodde tillbaka till skutan. När jag frågade Lidström hur han kunde bete sig så illa och dumt åt mot ordentliga män svarade han: "Det var ju bara norrbaggar och förresten har jag inga pengar." Hur det sedan gick för norrmännen är obekant och varken jag eller Lidström gick iland fler gånger.

Seglatsen fortsatte efter vi tagit in barlast och målet var Trapani på Sicilien. Innan vi fick komma i land var man tvungen att ligga i karantän under tre dagar. Detta beslutades av besiktningsmännen som kontrollerade att ingen var sjuk då man annars fått ännu längre karantäntid.

klaring:

Att komma till Sicilien just detta år kan behöva en historisk förklaring:

Giuseppe Garibaldi, född 4 juli 1807 i Nice och var en italiensk frihetskämpe och nationalist. Garibaldi var med moderna ord en gerillakämpe och en frontfigur för Risorgimento, den italienska rörelsen för nationell enhet under en tid när Apenninska halvön var uppdelad på en mängd småstater. Han inträdde som mycket ung i Sardiniens flotta, där han organiserade ett myteri i syfte att ockupera Genuas arsenal, samtidigt som Mazzinis Savojenexpedition bröt in i Piemonte. Upptäckt dömdes Garibaldi i sin frånvaro till döden men han undkom till Frankrike, och trädde i tjänst hos bejen av Tunisien och begav sig sedan 1836 till Sydamerika, där han deltog i Rio Grande do Suls uppror mot Brasilien och i Uruguays krig mot Argentina. Han återvände till Italien 1847 för att erbjuda Karl Albert av Sardinien en friskara, som dock på grund av nederlaget vid Custoza tvingades upplösas, och Garibaldi flydde till Schweiz. I december 1848 gick Garibaldi i romerska republikens tjänst, besegrade fransmännen i slaget vid San Pancrazio 30 april 1849 och tillfogade under följande månad de bourbonska trupperna nya svåra nederlag. Efter Roms fall försökte Garibaldi med sina 4,000 frivilliga nå Venedig, men trängdes in i San Marino, där hans trupper upplöstes. Kort därefter avled hans hustru och adjutant Anita av strapatserna, varefter Garibaldi förklädd flydde till Genua och därifrån begav sig till New York, där han levde först som såpsjudare, sedan som skeppare. Återkommen 1854, inköpte Garibaldi den lilla ön Isola Caprera och byggde där sitt hem. Under andra italienska frihetskriget 1859 anförde han som sardinsk general en friskara alpjägare och stod i begrepp att tränga in i Tyrolen, då kriget hastigt avbröts genom avtalen i Villafranca di Verona. Efter att ha valts deputerad 1860, protestade Garibaldi inom

politiken våldsamt mot Nice och Savojens avträdande. 5 maj 1860 in-
skeppade sig Garibaldi till Sicilien med 1,067 "trogna", - la spedizione
dei mille - och landsteg 11 maj i Marsala. Dagen därpå utropade han sig
till diktator över ön i Viktor Emanuel II:s namn, 15 maj slog han de nea-
politanska trupperna i slaget vid Calatafimi, och tågade 27 maj in i Pa-
lermo. I början av augusti var hela ön, med undantag av citadellet
i Messina i Garibaldis hand.

Fäderneslandet anlände till Sicilien i slutet av februari 1860 och
i januari hade Garabaldi tågat med sin här genom Sicilien och även be-
sökt Trapani. Hela staden bekände sig nu som Garibaldister och hans
marsch sjöngs dagligen av alla människor. Det var ganska oroligt i sta-
den och tjänstemän dödades och besättningen på Fäderneslandet var-
nades för att gå i land efter mörkrets utbrott. Det fungerade inte helt och
hållet men några missöden drabbade inte besättningen.

Trapani var en saltplats och det fanns därför många som för-
stod skandinaviska språk. Här fanns en man, som kallades för "Vattu-
mannen" eftersom hans uppgift var att lämna vatten till fartygen. Det var
en stor och stark karl som var respekterad av alla och även hade ett
glatt och livligt temperament. Ständigt ville han veta om någon kunde
besegra honom och besättningen påstod då att det skulle jag säkert
kunna. Nu var inte jag intresserad att mäta mig med honom men likväl
hände det en gång att besättningen påstått att när jag kom ned från rig-
gen skulle jag göra motstånd om Vattumannen försökte ta fast mig. När
jag kom ned och hoppat ned från ledstången, högg han tag i mig. Jag
var svettig och i utmärkt kondition, så jag högg genast tag med ena han-
den bak i halsen på honom och började svänga honom runt allt vad jag
orkade, så att runddansen ökades alltmer och mer, tills jag slog honom i
däck med ryggen ner, Efter denna dag ville han aldrig mera pröva mig.
Förutom denna händelse var jag ytterst nära att ramla ned från riggen
då det rep – pärten – jag stod på plötsligt brast. Tack vare min styrka
och med hjälp av kamraterna lyckades jag klättra upp på bommen. Hela

manövern tog endast tre minuter, men var betydligt jobbigare än att slåss med Vattumannen.

Under den tid som skeppet låg i Trapani för att lasta var kaptenen någon vecka i land för hälsans skull och under den tiden levde hans bror – Johan Lidström – ett vådligt liv. En natt blev jag väckt av däcksvakten eftersom han hade sett två män som släpat på ett bylte och lämnat det på kajen. Vakten tyckte det såg ut som en människa, men han varken vågade eller fick lämna båten för att se vad det var. Jag misstänkte att det kunde vara Lidström eftersom han inte kommit tillbaka och begav sig därför med slupen till kajen och till byltet. Visst var det Lidström som låg där, till synes livlös och alldeles våt i regnet. Han var blodig och saknade mössa och svarade ej på tilltal, men eftersom kroppen kändes varmt började jag forsla honom först till slupen och sedan tillbaka till skutan. Det var inget lätt arbete att först dra honom till slupen och där försiktigt flytta över honom så att inte båda ramlade i vattnet. Även rodden måste ske med stor försiktighet för om Lidström då vaknat vet man aldrig vad som kunnat hända. Långsides med skutan fick jag hjälp av däcksvakten och med hjälp av ett rep hissade vi upp honom på däck för att sedan bära ned honom till hans koj. Vi lämnade honom liggande blöt på golvet utan vidare undersökning, vilket var oförsvarligt, men eftersom det handlade om Lidström kändes det ändå naturligt. Morgonen därpå steg han upp och tvättade sig ren från all smuts och blod och förband sitt eget huvud som hade stora djupa märken efter gårdagskvällen händelser. Några kommentarer vare sig till mig eller någon annan kom dock inte.

Den första mars 1860 var skeppet klart för avfärd, men blev försenade på grund av motiga vindar några dagar. De västliga vindarna drev skeppet långt in i Tyrhenska havet mot Italiens kust och varje dag och natt fick vi arbeta med båda pumparna. Det oförståndiga levernet av besättningen i Trapani blev dessutom ett större problem när tre av dem blev så sjuka att de blev sängliggande. Tack vare konstapel Lidströms erfarenheter kunde alla räddas med hälsan i behåll och själv hade han klarat sig denna gång. De sjuka skulle svältas, brännas och få omslag av linfrögröt och dessutom medicin. Lidström skötte om allt detta och utan hans omvårdnad hade nog ingen av dem kommit levande hem. Eftersom det dessutom var varmt och behagligt väder blev odören odräglig i skansen och arbetet på båten blev naturligtvis mer ansträngande för den friska delen av besättningen. Det hände under denna tid att kaptenen tvingades stå vid rodret och konstapeln att hjälpa till med pumparna.

Under stormen på långfredagen var skeppet verkligt illa ute. Vattnet läckte in från däcket till skansen och trots att vi arbetade med båda pumparna blev vattennivå bara högre och högre. Skutan arbetade hårt mellan vågor och störtsjöar och det började se hopplöst ut, när stormen äntligen bedarrade. När solen tittade fram och sjön lugnat sig var det tillfälle att laga allt som gått sönder och begrunda hur försvarligt det var att föra fram ett skepp i storm utan tre besättningsmän.

Så småningom tillfrisknade samtliga sjuka och resan fortsatte genom Medelhavet, Gibraltarsund och in i Spanska sjön. Den här gången gick båda pumparna sönder när stormen slog till. Det blev väldigt bråttom att på bästa tänkbara sätt laga pumparna med spikar, brödbitar, tjärpapp, vantar och annat som fanns till hands. Vattnet hade under tiden stigit så högt i båten att det, när vi fick i gång pumparna, behövdes två dygn för att få skutan läns. Allt detta arbete medförde även att man fick segla utan vissa vant [22]i seglen eftersom man använt dessa till lagningen av pumparna.

Så småningom kom vi fram till Göteborg, där vi fick nya order och ställde färden mot Stockholm och Sandhamn. Dit anlände Fäderneslandet på midsommarafton efter en resa på tre och en halv månad.

---

[22] *Vant är de linor eller vajrar som främst i sidled stöttar master och stänger på segelbåtar och segelfartyg*

111

Det fanns ingen ombord som hade varit med på en så lång och besvärlig resa. Det kändes underbart för alla att komma hem och kunna prata svenska. Det var dessutom strålande väder och hela besättningen blev bjudna på festligheter. När vi vid 1–2-tiden på natten kom tillbaka till skeppet kände alla av både spriten och maten och längtade bara att få gå till kojs. Under tiden vi varit i land hade lotsen skött om skeppet och just när det var dags att lägga sig kantrade vinden och lotsen kallade ut alla för att sätta segel. Det var nog mer tur än skicklighet att ingenting allvarligt inträffade. Konstapel Lidström skulle visserligen hala in en tross, men tappade taget och ramlade baklänges in i avträdet där han somnade och sov långt in på morgonen.

Jag fick den mindre avundsvärda uppgiften att stå till roders, men jag var så trött att hade inte lotsen suttit på en bänk bredvid mig och oupphörligen pratat hade jag troligen somnat stående vid rodret. Vid Kodjupet fick vi motvind och ankrade och beställde bogsering av en ångbåt vid Vaxholm. Det kostade 50 kronor att bogsera in till Vaxholm, men 60 kronor till Stockholm och eftersom alla, inklusive kaptenen, var så trötta beställde han bogsering in till Stockholm. Sent på aftonen på midsommardagen kom vi fram och ankrade mitt emot Mosebacke. Musiken därifrån hördes till båten, men ingen fick gå iland.

När nu den här resan var slut började diskussionerna kring fortsättning. Kapten PM Lidström hade blivit tilldelad briggen Beata, som låg lastad i Härnösand och Fäderneslandet skulle få dess nuvarande styrman – Höglin – som kapten. Kapten Lidström frågade mig om inte han och övriga i besättningen skulle mönstra på Fäderneslandet igen, men jag svarade att det ville jag inte oavsett vad de andra gjorde. Efter flera försök resulterade det i att alla följde mitt exempel och avböjde att mönstra på Fäderneslandet. Kapten Lidström blev förbittrad på mig, men inte värre än att han dagen efteråt frågade om jag ville mönstra på Beata. Jag svarade då ja, men trodde inte kaptenen skulle acceptera det med tanke på gårdagen, men det gjorde han.

Figur 34 Ett exempel på en brigg, liknande Beata.

Vid den här tiden hade jag varit sjöman i ett drygt år och de resor vi då gjorde är beskrivna från början till slut. Under kommande år var arbetet som sjöman i stort sett likartat, varför de kommande åren bara kommer att omfatta speciella händelser och sådant som var annorlunda än det vanliga livet på en segelskuta. Med Beata gick färden till Le Havre med trälast och efter återkomsten blev det en ny resa till Medelhavet. Under den resan var det meningen att konstapel Lidström skulle gå i navigationsskolan i Härnösand, men efteråt visade det sig att han hade slarvat bort den vintern i sus och dus och inte fått något betyg från skolan. Av den anledningen var Lidström åter konstapel på den resa som gick från Ullånger med trä till Le Havre, varefter vi hämtade kol i Cardiff som levererades till Alicante i Spanien och sedan hämtade salt i Torrevieja för leverans till Hudiksvall.

113

Jag tyckte om att skriva och dikta och flera av dessa dikter handlade om livet till sjöss. Just naturfenomenet storm på ett segelfartyg gjorde starkt intryck på mig och resulterade bland annat i följande verser som beskriver en resa 1862:

Omnämna vad till sjöss plär göra,
Det blev tråkigt för mångens öra.
Jag gör ett undantag och då omnämner
Ett äventyr, som mycket sällan händer

Det var en gång uti Medelhavet
Vi fick en storm utav värsta slaget.
Vi reva, pumpa, jämte segel passa,
Ty vinden kastade och vi fick brassa.

Så kom en cyklon med kraft och dunder
Det såg ut, som allt skulle gå under.
Ty sjöar höga bröto över räcket
Och omstuvade, vad som fanns på däcket.

Askgrå blev färgen på himlakupan,
Som dystert välvde sig över skutan,
Och dagen blev som skymningen skriden,
Fast det värsta hände vid middagstiden.

Samtidigt bildades virvlar fyra,
Som svängde om uti vattenyra
Och sammanpressa både storm och bölja
Att ofrivilligt till rymden följa.

Tre av dess oss mest besvära
De börja komma oss betänkligt nära,
Så skeppet hotas av största fara,
Och vi redlös att fara klara,

Allt gick stickstäv emot vår vilja,
Ty hur vi brassade och ratten trilla,
Så kunde skeppet (briggen) ej manövrera,
Vinden slog för back i bottenreva.

De tre så småningom släppte taget
Och föll med väldiga dån i havet,
Varav den sista tycktes styrka vinna
Att vattumassans motstånd betvinga.

Ty strålen syntes sig sammansluta,
Som om han utgått från en ångspruta,

Det var en syn så hemsk och härlig vorden
Att vattnet steg till himlen ifrån jorden.

Till sist så yppade sig tillfälle
Att komma klar detta dystra ställe,
Men strålen följde vi upp i det höga,
Så länge den var siktbar för vårt öga.

Att vattenmassans omfång beskriva,
Som gick till rymden, Det skulle bliva
Långt sämre utgång än skjuta mål
På de planeter, som uti rymden gå.

Man vill man något förvissad bliva
Vad vattenmängd ett skyfall kan giva
Han måste häpna för de stora mängder,
Som fyller sjöar, floder och dess stränder.

Ej samlas detta av mist och dimma
Och ej från månens kanaler rinna.
Uppkomsten därtill är nog stora havet.
Med kraften hämtad från vindmotordraget.

Om maskinkrafter man kunde göra,
Man skulle samma stordåd utföra.
Ty ägde man en himlens vindmotor bara
Hur lätt man skulle sluka Niagara.

En gång när jag seglade till Le Havre under sommaren hade vi proviaterat för tre veckor, vilket brukade vara tillräckligt. När vi kom till engelska kanalen tog vattnet slut eftersom det varit motvind och stiltje lång tid. I kanalen fick vi ligga och kryssa i fem dygn utan vatten och vi fick ingen kokad mat. Kaptenen försökte hålla humöret uppe och sa att nästa dag kommer rätt vind, men till sist var han tvungen att vända skeppet. VI seglade då till Deal utanför Thames och köpte vatten och när vi till sist kunde komma till Le Havre hade vi varit på havet i 42 dygn.

En annan gång på Atlanten var det mycket svårt väder. Det var på kvällen och väldigt mörkt. Då började det blixtra så att det var ljust långa stunder och åskan dundrade stundtals hårt. Det blåste, så vattnet yrde som snö och vinden kastades från alla håll. Till sist blev luften så elektrisk, att det tändes som små lanternor på alla masttoppar och andra ändor av riggen. Allt detta pågick i cirka 10 minuter så att alla ombord fick tillfälle att skåda detta ovanliga fenomen. Det var ståtligt, men samtidigt hemskt och kaptenen berättade att det var ett elektriskt fenomen som stod beskrivet i navigationsböckerna och att det var sällsynt.

Bröderna Lidström och jag var ju uppväxta i samma by och det var väl en av orsakerna till att jag kom att umgås med och i viss mån ta hand om den yngre av dem. PM Lidström var ofta bekymrad över sin broder vilket innebar att han och jag många gånger fick försöka söka reda på konstapeln när han inte återvänt. Hemma i Härnösand var det värre eftersom redaren – rådman Sjödin – absolut inte kunde med konstapel Lidström. När jag var med för att proviantera i Härnösand skedde det oftast tillsammans med Lidström och all sådan proviantering skulle ske hos redaren. Det hela fungerade så att jag tog med sig två man för att ta emot och skriva upp förnödenheterna, medan Lidström skulle ta emot varorna och stuva undan dem på fartyget. Av den anledningen började rådman Sjödin att kalla mig för "*Lillkonstapeln*" och Lidström för "*Fyllkonstapeln*". Det uppstod även ett bra förhållande mellan rådman Sjödin och mig, vilket bland annat innebar att rådmannen flera gånger bjöd mig på en sup.

Förutom nämnda Lidström umgicks jag under den här tiden även med Martin Dahlberg från Gideå. Dahlberg hade gått navigations-skolan med bra betyg, men var även timmerman från grunden. Som styrman var Dahlberg dock okunnig och det var något som Kaptenen många gånger försökte bevisa. Dahlberg å sin sida begärde ofta hjälp, speciellt av mig när det var något han inte klarade av och en gång i Le Havre hade kaptenen sagt åt mig att jag absolut inte fick gå och hjälpa Dahlberg om han ville det. Dahlberg blev ändå så påstridig, trots att jag sagt att jag inte fick för kaptenen, att jag ändå ställde upp för Styrmannen. Detta resulterade i sin tur att kaptenen blev ond på mig i flera dagar.

Eftersom jag var utbildad skräddare hade jag lättare att förstå sig på segelmakaryrket, men jag var oerfaren och visste inte hur allt skulle utföras. I samband med en resa mellan Le Havre och Cardiff hade en man avmönstrat och kaptenen hade hittat en norrman som ville mönstra på. Det visade sig att denne norrman hade arbetat på en segelmakarverkstad i fyra år och var utlärd till yrket. Denne yngling var vid tillfället helt utblottad och saknade så gott som alla gångkläder. Han hette John Olai Jonssén och var från Bergen och han hade inte berättat att han var segelmakare och fick därför anställning med för låg hyra, men en dag när jag satt med sin segelsömnad kom han förbi och berättade att han kunde detta. Jag och norrmannen fick därefter dagligen arbeta med segelsömnad vilket även blev en utmärkt skola för mig.

Kapten Per Magnus Lidström var född den 10 januari 1834 i Liden – senare Ådals-Liden - precis som jag. Han hade genomgått sex klasser i elementarläroverket, innan han gick till sjöss. Han var över medellängd, vig och stark samt mycket begåvad. Han gick i navigationsskolan endast efter julterminen, men tog ändå på våren både styrmans- och andre skepparexamen med bästa betyg och fick en sextant som premium. Mycket berodde detta goda resultat på gjorda förstudier, men han dugde för övrigt till vad som helst. Han var korrekt och hygglig men ganska häftig, när något obehagligt inträffade. Sedan han sjungit ut sin vrede, var han lika god, som ingenting hänt. Han älskade ordentligheten, men hatade odugligheten.

Styrman Dahlberg fick uppdraget att göra ett par åror i samband med en resa till Helsingör. När kaptenen fick se resultatet sa han att de var för veka, men styrmannen, som ju även var timmerman, sa att åran var så stark att ingen kunde bräcka den mot vattnet. Vid vistelsen i Helsingör fick jag uppdraget att tillsammans med Jansson från Överbilla i Själevad att ro kaptenen i land. Först fyllde de båten med proviant och sedan fick vi ro till Helsingborg, där kaptenen skulle hälsa på en gammal bekant. Under resan började det regna och kaptenen ville att vi skulle ro fortare, men eftersom vi använde de nya årorna från timmermannen började jag och Jansson att protestera. Kaptenen sa att eftersom timmermannen sagt att de skulle hålla var det väl inga problem. Då högg Jansson till med några årtag varefter åran gick av. Lyckligtvis hade vi en åra i reserv och kaptenen sa att vi skulle vara försiktigare i fortsättningen av resan eftersom han hade haft fel.

I Helsingborg lämnade kaptenen båten och jag och Jansson fick order att stanna kvar eftersom han inte visste hur länge han skulle bli borta. Efter ett tag kom det ett par flickor till båten och bjöd in oss till middag. Visserligen inte med herrskapet, men vi fick i alla fall rikligt med god mat. När det var dags för återfärden hade kaptenen bjudit herrskapet – Nordén – att komma ombord. De hade en egen båt, en slup med fyra roddare, och det blev en tävlan om att komma fram så fort som möjligt eftersom kaptenen var angelägen att hinna före sina gäster. Eftersom gästernas båt med fyra roddare både var större och tyngre blev det en rättvis tävlan, trots att kaptenen sa att vi bara skulle ta i så att årorna höll. Det var en rodd på en kvarts mil och när vi kom i närheten av skutan, stod styrmannen på fallrepstrappan för att ta emot oss och kaptenen sa till mig: "*Passa nu tillfället!*" Jag förstod genast vad han menade och tog ett krafttag med åran så den gick i två delar. Självklart blev styrmannen rätt arg på mig och skällde ut mig, men jag svarade att han även måste ge sig på Jansson eftersom han var först med att ha av en åra. Då styrmannen förstod att bägge årorna hade gått sönder blev han ännu ondare, men eftersom alla tyckte det var roligt blev han tyst.

Ett mer besvärande misstag av styrmannen skedde när man kom till Ullånger för att lasta trä. Först måste man lossa barlasten och rengöra lastrummet med resultatet att det blev en massa smörja som jag ville slänga överbord. Styrmannen sa emot mig och beordrade att smörjan skulle kastas i kvarvarande barlast, som bestod av fin och lämplig sten. Trots protester sa jag till sist att eftersom det inte fanns något annat att göra måste vi lyda hans order. När kaptenen kom och inspekterade frågade han vem som hade gjort skutan till ett svinhus. Ingen svarade eftersom alla väntade att styrmannen skulle svara, men han teg. När kaptenen blev ännu ondare blev det till sist jag som svarade: *"Det är jag som gjort det, men på order!"*. Styrmannen fick ovett av kaptenen, men det var besättningen som fick ta bort smörjan, vilket var lättare sagt än gjort. När kaptenen hade gått började styrmannen skälla på mig och kom till och mot mig med knutna nävar. Jag tag bara tag i honom och svängde honom runt så att han tog några steg och tappade balansen och föll. Med tårar i ögonen sa han då till mig att han skulle gå upp till kaptenen och anmäla mig. Därefter gick han sin väg, men ingen kapten kom varför det inte blev någon påföljd för mig.

Efter ett kortare uppehåll i Härnösand berättade kaptenen att rådman Sjödin hade beslutat att han inte skulle få använda sin bror som konstapel. Kaptenen hade svarat att blod är tjockare än vatten och om han inte fick ta med sig sin bror skulle inte någon annan heller göra det. Rådmannen mjuknade och sa att det kanske var lika bra att bröderna var tillsammans så att kaptenen kunde hålla ögonen på konstapeln.

När resan fortsatte till Le Havre rymde segelmakaren, norrmannen. Det var naturligtvis olagligt och kunde medföra strängt straff, men för norrmannen var det en nödvändighet. Vad som kanske var besvärligare var att han redan kvällen innan hade berättat allt för mig. Jag hade först vägrat, men så småningom bedyrat att jag aldrig skulle berätta det för någon. Eftersom segelmakaren hade varit en så god lärare och utbildat mig till en fullfjädrad segelmakare kände jag att jag var skyldig norrmannen detta trots de risker det kunde innebära. Jag lovade dessutom att ta hand om de saker som norrmannen inte kunde ta med sig för att om möjligt återlämna dessa vid ett senare tillfälle.

När rymningen upptäcktes på morgonen låg jag fortfarande kvar i sängen och när kaptenen frågade om jag inte hört något fick han bara till svar att jag hade sovit eftersom jag hade arbetat så hårt dagen innan. Något mer fanns ej att göra, men alla saknade John som varit med oss i sju månader då han och jag den mesta tiden arbetat med segelmakeri. Jag var inte ensam om att fara omkring med halvsanningar gentemot kaptenen och styrmannen. Värst var trots allt konstapel Lidström, som gång på gång hamnade i besvärligheter, oftast orsakade av honom själv.

En afton kom Lidström till mig och frågade om jag ville göra honom sällskap i land, men jag avböjde, väl medveten om att sådana besök oftast slutade olyckligt. Lidström sa då: "*Om du vill gå med, skall jag rekommendera dig ett sju jäkla gott kok styrk!*", varpå jag svarade att då var ju anledningen ännu större att avböja. I närheten stod Hamlund och Dahlin och hörde på samtalet. Nu bad Lidström dem i stället att göra honom sällskap eftersom jag var för feg för att gå med honom. Dessa tog det hela som ett skämt, men accepterade ändå att följa med Lidström.

Morgonen därpå hade Hamlund och Dahlin kommit tillbaka vid olika tider och varit mycket sönderslagna och blodiga. Konstapeln hade kommit tillbaka redan tidigare under natten och var nu i sitt krypin. Det Hamlund och Dahlin berättade var att de efter ett antal supar träffat på en amerikansk besättning, som Lidström muckade gräl med. Amerikanerna var inte nödbedda utan överföll de tre och Dahlin som var liten till växten hade de bokstavligen kastat mellan amerikanerna tills han vettskrämd hade hamnat på marken och kunnat krypa under en vagn. Där hade han stannat i mörkret ända till morgonsidan då han vågade sig fram. Hamlund var stor och stark, men mycket fredlig och ville ogärna slåss. Han hade lagt sig framstupa på marken, men amerikanarna hade då bearbetat honom med slag och sparkar där han låg så att bakhuvudet blivit fullt av grus och han blödde kraftigt. Vad som hände med konstapeln visste dom inte och Lidström berättade inte heller någonting och visade sig inte på flera dagar. När Hamlund och Dahlin förebrådde honom svarade han helt fräckt att det var ju precis vad han lovat innan de gick i land – "*ett sju jäkla gott kok styrk.*"

Efter denna resa mönstrade jag på för en resa till Marseille. När jag som vanligt var hos rådman Sjödin för att proviantera pratade rådmannen oupphörligen med mig. Hela tiden bjöd han mig på en sup och en till ända tills jag sa att jag sällan förtärde brännvin och att jag bara tog emot suparna från rådmannen för att jag tyckte det skulle vara ovänligt att tacka nej. Rådmannen skrattade åt detta och påpekade att jag var en trevlig grabb och att jag borde gå i navigationsskolan till hösten i stället för att gå till sjöss. Jag svarade att det fick i så fall vänta till nästa år eftersom jag redan mönstrat på för ytterligare en resa. Rådmannen erbjöd till och med pengar om det var det som fattades, men jag tackade honom för vänligheten och sa att jag hade pengar så det räckte men att jag ville lära mig mer innan jag eventuellt skulle bli styrman. Rådmannen svor då på att han skulle ta vara på mig så fort jag blev styrman. Det var ett gynnsamt erbjudande från rådmannen, men jag tackade ändå nej och åkte på den olyckliga resan.

*

Vi var väldig sena för den kommande resan då vi den 20 oktober seglade från Härnösand mot Köpmanholmen i Nätra socken. Efter att vi lossat barlasten påbörjade lastningen som gick väldigt långsamt. Orsaken var att stora delar av lasten skulle hämtas vid sågen i Bjästa och läggas på pråmar som skulle frakta den till Köpmanholmen. På den tiden fanns inte bogserbåtar varför man helt och hållet var beroende av väder och vind. Det fanns inte mycket att göra i Köpmanholmen heller varför besättningen bara kunde fara till Bjästa någon gång. Man brukade även besöka Hålviken som var en fiskeplats där det bodde en blind gubbe som hette Dalbäck. Trots detta kunde han spela dansmusik och ungdomarna samlades några timmar på söndagen för att dansa. En gång hade styrmannen och konstapeln ordnat med försäljning av sprit från en lönnkrögare som hette Bäck.

På den bestämda aftonen samlades alla ungdomar i trakten. Även jag deltog även om jag som vanligt var försiktig med spriten.

Dansen pågick med glädje och språng, speciellt av styrmannen och konstapeln som hade använt en hel del av spriten. Tyvärr förbyttes glädjen i raseri och svordomar och plötsligt fick jag se styrmannen och konstapeln i ett vilt slagsmål med varandra. Jag sprang tvärs över golvet för att skilja dem åt, men samtidigt knuffade konstapeln styrmannen med sådan fart att han for mot ett fönster så att ena halvan lossande och föll ut på gården med styrmannen efter. Jag hann dock få tag i hans ben så

Figur 35 Härnösands hamn 1898. Från Länsmuseet Västemorrland.
Foto: Kurt Axel Wallin

att vi kunde dra in honom i huset igen. Under tumultet hade flickorna blivit så förskräckta att de sprungit sin väg i rädslan Efter det var det omöjligt att få dem tillbaka varför festen avbröts. Jag lyckades även övertala styrmannen och konstapeln att stå för det de hade haft sönder och så vitt han minns blev de tvungen att betala 10 kronor. Ingen av dem hade några pengar varför Lidström fick sälja sin hatt till en av sönerna på gården för att betala för fönstret. De blev även lovade att saken inte skulle berättas för kaptenen och så slutade glädjefesten i Hålviken.

Sedan lasten hade kommit ombord skulle kaptenen fara till Härnösand för att utklarera. När kaptenen var borta så blev styrmannen och konstapeln herrar på skutan. Detta tog de tillvara på sitt eget sätt.

Det fanns tydligen så gott om dricka att de på nätterna måste ta med sig pytsar för att kräkas i och det hördes ända till skansen när de fick upp allt sitt maginnehåll. De bearbetade även mig att jag skulle vara med, men med fruktan vad som skulle komma efteråt vägrade jag. Efter åtta dagar kom kaptenen tillbaka och överallt i hytterna, matrummet och kajutan var det ordentligt nedsölat. Kaptenen blev väldigt ond och de båda kumpanerna fick för sig att jag hade skvallrat för kaptenen, men med tanke på hur det såg ut hade det inte varit nödvändigt och det hade inte jag heller gjort.

Medan vi väntade på lämplig vind för att avsegla ville kaptenen att konstapeln skulle fara i land och köpa ett par hämtare mjölk hos ett par torpare som bodde i närheten på en plats som kallades Nässibäcken. Jag fick uppdraget att ro honom i land och det gick alldeles utmärkt på ditresan. När konstapeln på aftonen kom tillbaka hade det blåst upp ordentligt och när jag närmade sig stranden med båten försökte han så gott han kunde att hålla båten still mot vågorna, men när den slog emot sandbotten slog den runt så att jag hamnade i vattnet. Jag kunde simma på vågorna och så småningom ta mig i land. Under tiden hade båt och åror kastats i land av vågorna och jag och konstapeln fick försöka få den i ordning så att vi kunde komma i väg. Eftersom jag redan var blöt gick jag i vattnet och sköt båten framför mig, samtidigt som jag parerade vågorna och Lidström satt vid årorna och rodde. Det fungerade och jag kom ombord på båten och vi kunde ro till skutan. Där uppstod nya problem på grund av vågorna varför vi beslöt oss att angöra i aktern av skutan. Så till sist var vi ombord och jag var genomblöt och hade dessutom stövlarna så fulla av grus att jag inte kunde få av mig dem. Med hjälp av andra besättningsmän lyckades vi till sist och jag kunde få av mig alla mina blöta kläder.

Två dagar senare då det hade blivit den 1 december och blåste det god vind. Vi satte segel och tog upp ankaret med avsikt att segla till

Marseille. Det hade varit dystert tidigare, men nu blev det värre. Vi fick storm med snötjocka och motvindar. Det frös glasblank is på däckslasten för varje våg som vräktes ombord. Det enda skydd vi hade var en tross som var spänd över båten. Inget annat fartyg syntes på havet och inte heller någon sol, nästan bara mörker. Det gick i alla fall någorlunda tills vi kom och såg Gotlands Fårö, då vi överfölls av en sydlig storm. För att klara av stormen tvingas vi minska seglen och lägga fartyget mot vinden och driva. När vi drivit så långt att vi var i höjd med Söderarm utanför Stockholm beslöt vi ändra kurs så att vi i mörker och dimma seglade rakt in i Ålandshav. Vid norra inloppet till Stockholm var vi ytterst nära att gå på en övervattensklippa och eftersom vi hade så lite segel var det svårt att få skeppet att gå dit vi ville varför kaptenen var fullt beredd på att vi skulle kastas upp på klippan. Kaptenen hade kallat ut alla män på däck och lyckligtvis kunde alla se att vi gled förbi klippan och faran var över.

Vindstyrkan gav med sig, men vindriktningen var densamma så att vi kunde sätta segel och kryssa med någorlunda resultat. Det började bli kallare så det bildades ett tjockt istäcke över skutan så vi måste hugga bort den då vi skulle in i skansen, kabyssen eller till pumparna. Det värsta var att isen frös på trossar och skot så att det till sist bildades vita veck som kapade trossarna och det som satt på dem föll i sjön. Av den anledningen kunde vi inte sätta alla segel vilket innebar svårigheter att kryssa och vi började driva bakåt. Det började även bildas is på kläderna så att det bildades iskanter på ärmarna som gjorde märken på handlederna. Till och med kojkläderna blev blöta eftersom vi la sig med isiga kläder som töade och blötte ned allting. Nu började modet att svikta för besättningen, men kaptenen försökte trösta oss med att med god vind skulle vi på två dagar komma in i Östersjön och där skulle isen försvinna och vi kunde fortsätta resan.

I ytterligare två dagar fortsatte vi på samma sätt, men så friskade vinden i och vågorna började gå över skutan. När vi stod och pumpade kunde det hända att sjön slog in över oss så att vi blev riktigt blöta. På den här resan fanns en ryss i besättningen, från Livland, som förnekade all religion. Ett av dessa tillfällen yttranden han sig och sa: *"Förr int jag suckat, men nu suckar jag"*. Besättningen bad mig att gå till kaptenen och be honom att vi skulle gå i hamn. Det gjorde jag också, men fick till svar: *"Vet du var en sådan hamn kan finnas?"* Jag svarade att det var väl kaptenens skyldighet att veta det, men fick då svaret: *"Jag vet ej om vi är på svenska eller finska sidan, eftersom vi inte sett solen en enda gång på resan och jag har därför inte kunnat göra någon säker bedömning. Försök uppmuntra besättningen att hålla ut några dagar till så kanske vi kan räkna ut var vi befinner oss."*

Vi fortsatte ytterligare några dagar men då överfölls vi av ännu värre kyla. Vi hade ingen termometer utan mätte kölden med isbildningen. På natten frös rorstrumman så att rodret fastnade och vi försökte med de verktyg vi hade att få bort isen. Det lyckades inget vidare och hela natten satt rodret fast i sin position. Morgonen därpå hettade vi upp en tunna fylld med vatten och hällde det kokande vattnet i rorstrumman. På det sättet fick vi isen att lossna och rodret kunde åter igen användas. Efter den händelsen var alla och även kaptenen inställda på att söka hamn. Eftersom vi inte kunde hissa alla segel var det bara möjligt att länsa, det vill säga segla med vinden. Kaptenen påpekade också att enda möjliga isfria hamn var Härnösand och med den vindriktning vi nu hade borde det vara möjligt att nå dit. En liten dikt hann Jag dessutom skriva vid detta tillfälle:

> Det blev så skönt att framåt gunga,
> Från avdrift fri i önskad hamn.
> Förtjusta re'n vi börja sjunga
> Om gamla staden Härnösand.

Det kändes som en lättnad att efter fyra veckor i motvind segla så att vågorna gav med sig. Man gungade mjukare i hopp om att med framsteg nå målet. Visserligen blåste det hårt, men det var ju så man ville ha det för att driva båten, eller isflotten som den nu fick heta, mot det hägrande målet – land. I ett par dygn fortsatte vi på den inslagna

125

kursen, men utan att veta exakt var vi var. En morgon fick vi se ett sken i vattenytan. Kaptenen trodde det var Lungö fyr och humöret började stiga. Eftersom vi snart skulle kunna gå i hamn måste vi se till att få fram ankaren. Detta arbete tog hela dagen att med yxor och spett hugga bort isen runt ankaret och arbetet skedde denna gång med glädje. Till slut kom vi in mot ankarplatsen och när skutan kom emot iskanten släppte vi

Figur 36 Lungö fyr ligger på södra skoglösa udden av den norr om inloppet till Härnösand belägna Lungön

ankaret och dess tyngd gjorde hål i sen och Beata låg nu till ankars på Härnösands redd den 18 december 1863.

När vi nu hade ankrat och började ställa i ordning båten uppstod en situation mellan styrmannen och mig som innebar att kaptenen var tvungen att ingripa. Styrmannen hade tydligen försökt skylla ifrån sig på mig, som i ren förvåning till kaptenen svarade att det måste vara osanning. Först tog kaptenen det som riktat mot sig, men efter att jag förklarat att jag omöjligt kunde vara skyldig eftersom jag inte ens hade befunnit mig där styrmannen påstod. Styrmannen gjorde invändningen att jag inte gett honom den aktning en styrman bör ha, men då svarade kaptenen: *"Den styrman som ej kan skaffa sig aktning själv, den blir nog utan"*. Under samma tillfälle blev det även så att händelserna som skedde när kaptenen varit i Härnösand kom fram och det gjorde kaptenen riktigt arg på styrmannen och på sin bror, konstapeln. Det slutade med att kaptenen tog mitt parti och vidhöll samma ord som han tidigare hade sagt till styrmannen. Jag trodde att detta skulle göra att styrmannen och konstapeln skulle bli förargade, men det visade sig bli tvärt emot, eftersom jag på ett ärligt sätt omtalat för kaptenen när de själva var närvarande och inte hade gått förbi dem och eller kanske till och med skvallrat för redaren.

Eftersom alla roddbåtarna var alldeles isiga och istäcket låg tjockt runt skeppet kände sig besättningen helt isolerade. Någon föreslog då att man skulle göra som tidigare härförare gjort över stora Bält, det vill säga gå över isen. När vi senare undersökte isförhållandet visade sig att det var fullt möjligt varför alla kunde lämna skutan och gå in till Härnösand.

Eftersom det var nära jul ville alla fortast möjligt komma från staden och hem. Påföljande dag blev alla kallade till rådman Sjödins kontor för avräkningar och försöka få ut så mycket som möjligt i lön trots att resan till Marseille inte blivit av. Redaren kunde eller ville inte hjälpa besättningen under vintermånaderna, men i stället skulle man få stå kvar som mönstrade för att fortsätta resan till våren. Rederiet skulle dessutom förskottera en månadslön och med det fick besättningen vara belåten. Hela denna uppgörelse gällde även mig som vid detta tillfälle hade en revers hos kaptenen på ungefär 500 riksdaler och dessutom betydligt med kläder och en ofördärvad hälsa.

Jag köpte några presenter och ett krus med arrak som jag tänkte ge till mina föräldrar och syskon innan jag gav mig i väg hemåt. Jag beställde dessutom skjuts till hemmet och gjorde upp med Sundqvist där jag även lämnade sjömanskistan och lite kläder. Samma kväll blev hela besättningen bjuden på fest av styrmannen. Det var en glad fest där 12 personer var placerade runt ett bord och det talades väldeliga, som det brukar när spriten fick flöda. Styrmannen var till att börja med glad, så glad att han började sjunga:

> Sist, när på ljuvlig blomsterplan[23]
> Jag mina lamm utförde,
> Och satte mig, som jag var van.
> Där jag bäst lärkan hörde,
> Så kom till mig en gammal man
> Beprydd med silverhåren.
> Han såg mig ganska gunstigt an
> Och hälsade: "God måren!"

Efter sången började andarna ge honom hårda ord och jag väntade mig att han och konstapeln skulle komma med anmärkningar mot mig, men så blev det inte. I stället började båda att klandra övriga besättningen. De blev till sist så bråkiga och dumma att jag inte fann något nöje av sällskapet och drog sig tillbaka för att krypa till kojs.

Morgonen därpå startade hemfärden på utsatt tid. De var fyra som skulle resa uppför Ådalen bakom två hästar. Det fanns ytterligare

---

[23] *Sinclairvisan skriven av en fattig student vid namn Anders Odel, en prästson från Västergötland som skrev visan 1739 och var en propagandavisa för diplomaten Malcom Sinclair. Melodi "La folia".*

en skjuts som låg före oss, men som vi hann upp vid Veda. I gästgivar-
gården fick jag ett svar av gästgivaren när jag frågade om resanderum:
"*Resanderum för sådana herrar kan finnas var som helst*". Jag förstod
anledningen och gick in och fann konstapel Lidström onykter och som
vanligt surrande, stimmande och svärjande. Det var konstigt att jag trots
detta kunde trivas i Lidströms sällskap, men det berodde kanske mest
för att vi kom från samma by.

Att resa med gästgivarskjuts brukar alltid gå sakta och första
dagen hann vi inte längre än till Frånö och dagen därpå till Ed. På tredje
dagen fortsatte vi till Resele där vi hälsade på en syster till Lidström, var-
för det var sena kvällen när vi ankom Näsåker. I båda hemmen blev de
väldigt överraskade eftersom man trodde att vi var på väg till Marseille.
När jag berättade orsaken blev slutsatsen att huvudsaken trots allt var
att vi fått behålla hälsan och att det var en lämplig tid att vila upp sig.

129

KAPITEL 11

ÖVERTAGANDET

Efter köpet av hemmanet i Fransåsen1862 följde mer göromål för Jonas Sjödin och det medförde besvärligheter och framför allt, ett alltmer ojämnt humör. Han hade visserligen en vuxen son hemma – Hans Jakob - men det hopade sig mer och mer arbete under dessa år.

När Jonas Petter – JP – kom hem från sina år som sjöman, julen 1863, följde även hans bäste vän Johan Lidström med. Hela hans familj bodde i Näsåker och hans far var gästgivare. Föräldrarna beslöt att de skulle alternera mellan hemmen, men det gick bara några dagar innan Lidströms temperament medförde oroligheter. När de var hemma, ville han att de skulle gå ut och när de var ute ville han hem. Det var nog egentligen så att han varken ville vara hos JP eller hemma hos sig och eftersom JP fick alltmer att göra i sitt eget hem svalnade vänskapen något.

På nyårsdagen fick familjen Sjödin bud om att veden var slut i Fransåsen och JP erbjöd sig att gå dit och hugga en famn ved. Det var visserligen en dryg mil dit, men han startade på morgonen när det var mörkt för att kunna hugga i dagsljus och gick sedan hem i mörkret. Jonas tyckte det gick riktigt bra, speciellt med tanke på att JP knappast hållit i en yxa sedan han for hemifrån.

En annan uppgift som JP åtog sig var att nattetid sköta om postgången, eftersom poststyrelsen fått den befängda idén att sända posten med gästgivarskjuts för så gott som ingen ersättning. Allt detta arbete som JP utförde hemma och uppenbarligen av fri vilja och med intresse medförde att JP:s mor började försöka påverka honom att inte återgå till sjömanslivet. Flera gånger pratade hon med honom och med hans bror Hans om att om några år överta jordbruket. En händelse som fick både JP och övriga familjen att bli allt ivrigare att övertala honom var JP:s förmåga att utan någon erfarenhet även syssla med snickeriarbeten. Han hade i samband med att Hans och fadern skulle fara till Härnösand, sagt att han självklart kunde färdigställa den stötting som Hans hade påbörjat. Egentligen hade JP varken kunskap eller erfarenhet av sådant arbete, men med tjurighet och idogt arbete lyckades han färdigställa den, så att både han, fadern och Hans blev tillfredsställda.

Efter det tillfället började Hans på allvar att försöka övertala JP att stanna kvar, men han protesterade eftersom han ju var 25 år, skräddare och sjöman. Det är ju inte någon erfarenhet för en blivande jordbrukare, sa han, men eftersom sjömanslivet var nog så äventyrligt var tillvaron på land en utmaning som till viss mån lockade honom. I samband med detta satte han sig ned och skrev en av sina dikter, ett intresse som först väldigt långt senare skulle bli allt större:

Vankelmodig vill icke jag
Här längre gå förlägen
I ovissheten dag för dag
Att gå den rätta vägen

Havet var nog trist och tungt

Och inre känslor sade,
Att landet var nog mera lugnt
Och företräde hade

Bäst är att bo, där skördar gror
Som landets söner föda
Och fågelsvärmar hålla kor
För levande och döda.

Hans Jakob Göransson var vid den här tiden 28 år och hade hela tiden varit hemma på gården. Han var därför kunnig i allt, han var finsnickare, målare och till och med spelman. Tanken att han skulle överta gården hade väl alltid varit en tanke, men nu när gården dessutom utökats med det delade hemmanet i Fransåsen började alla inse att det skulle vara bättre om bröderna köpte allt.

Nu upprättade man ett köpekontrakt som innebar att Hans Jakob och Jonas Petter tillsammans skulle köpa hemmanet i Kläpp och den del av hemmanet i Fransåsen som Jonas ägde. Köpeskillingen sattes till 5,000 riksdaler, men hela den summan skulle skänkas till de fem barnen. I praktiken innebar det att systern Katarina Helena, bröderna Nils Johan och Karl Oskar vardera skulle få 1,000 riksdaler och att köpeskillingen för Hans Jakob och Jonas Petter tillsammans skulle bli 3,000 kronor. Dessutom ingick födoråd[24] för Jonas och Lena Brita i deras återstående livstid och för Fransåsen fanns det sedan tidigare ett halvt födoråd för Olof Jansson. Övertagandet av gårdarna skulle ske tre år därefter och under dessa år skulle det åtminstone påbörjas ett bygge av en andra gård på hemmanet Kläpp. På dessa villkor överlämnade Jonas hemmanet på våren 1866.

---

[24] *Födoråd, innebar de gamla sattes "på undantag". De lämnade över gården till något av barnen och flyttade till en mindre stuga på gården, undantagsstugan. Man skrev ett kontrakt där det stod vad de unga skulle ge de gamla varje år: ved, säd, hö osv. Detta kallades födoråd och födorådstagare.*

För JP innebar det slut på alla fridagar, speciellt med tanke på att han var helt okunnig i de sysslor som skulle utföras. Det blev till sist så att JP och Hans Jakob fördelade sina sysslor där JP fick hand om hästarna och arbetet med dessa. Detta innebar bland annat arbete med timmer under hela vintern. Samtidigt kunde JP inte avhålla sig från att föreslå affärer. Zackris Josefsson var ägare till drygt halva hemmanet i Fransåsen och JP föreslog att man skulle köpa av honom 1/6 så att de ägde lika stora delar. Förslaget godtogs och JP och hans bror betalade 650 riksdaler för andelen.

Timmerarbetet inom hemmanet i Fransåsen innebar för JP att allt skulle fraktas till närmaste såg. Detta innebar att timret först fraktades till Vigdsjön för att sedan flottas vidare till Fransås-sågen, där JP och Hans var ägare till en sjättedel. Detta arbete, som bestod i allt från allt forsla stockarna till själva sågningen, var under denna tid, ett väldigt omfattande och besvärligt arbete. Det fanns även tvister mellan sågägarna och Rås byamän vilket innebar extra arbeten med själva flottningen på Vigdsjön. Sågningen varade ungefär fyra veckor varje vår. Ena veckan skulle man såga, och andra veckan skulle man flotta timmer, dels i Vigdsjön, dels därifrån och till sågen i älven.

Figur 37 Vigdsjön från Google Earth, år 2010

133

Det företag som bildades för att sänka vattenytan i Vigdsjön hade efter många besvärligheter och med medgivande av mängder av instanser som kyrkan, domkapitlet, Kungliga Majestäts Befattningshavare, dvs landshövdingen med flera, påbörjat arbetet hösten 1857. Arbetet genomfördes så att först byggdes dammar för att höja vattenståndet i sjön, samtidigt som avloppet grävdes djupare. Tanken var att vattnet skulle gräva själv när dammarna togs bort. Dagen detta skulle genomföras upplästes i Lidens kyrka från predikstolen och var den 1 maj 1858.

Den dagen samlades omkring 200 personer vid sjön och en företagsam hemmansägare hade tagit hem hela 15 kannor brännvin för att visa arbetarna och företagsägarna lite vänlighet. Även JP var närvarande och bevittnade händelsen. Strax innan man skulle riva fördämningarna brast de av sig själva. Med ett öronbedövande brak försvann fördämningarna och mycket mer, så att allt löst och fast efter kanalens hela längd följde med vattenmassorna. En båt hamnade i strömmen och med nöd och näppe lyckades männen få hjälp att komma i land, medan båten slogs i spillror. Hela vägen ned till Ångermanälven gjorde vattenmassorna stor skada på kvarnar och dammbyggnader. Även en landsvägsbro spolades bort så att vägen var stängd i en hel vecka.

Den respektable pastorn – 64-årige Nils Frisendahl – var även närvarande, men eftersom det var lördag skyndade han sig hem när det värsta hade lagt sig. Någon så då: *"Äntli for präste, då blev fri hantering"*. Hemmansägaren med brännvinet fick nu många kunder, men eftersom han själv tog för sig och slutligen somnade, blev det inte allt för lyckad affär. Spriten medförde dessutom många slagsmål, främst mellan de dalkarlar som hade skött om grävningen och många var de som tillbringade natten under bar himmel trots att det regnade.

När sjön var tappad på vatten och kommit i mer normalt läge var det en ömklig syn att se sjön och kanalen. Vattenytan i sjön bör ha sjunkit fyra alnar (*ungefär 2,5 meter*) och den vackra sandstranden var torrlagd. Den nya vattenytan låg nere i en gyttjepöl, så man kunde inte komma till vattnet utan att använda en båt. Samtidigt var det tur att botten av kanalen var full av stora kullerstenar, annars kunde hela sjöns dybotten följt med strömmen och en riktig katastrof blivit resultatet.

En gång något år senare skulle JP skaffa en karl för arbetet att flotta timmer i Vigdsjön, men fick då till svar: *"Jag vill inte drunkna i rent vatten och ännu mindre i gyttjan i Vigdsjön"*. Det man förundrade sig över var att ingen förstörde sin hälsa, trots att man kunde få stå ett till två dygn på alla fyra i vattnet och gyttjan.

Efter Vigdsjöflottningen och sågningen var avslutad for JP hem, där han som vanligt fortsatte att arbeta. På den tiden pågick brädflottning i Ångermanälven och vederbörande ville ha JP som förman att fara ner till Ångholmen och ombesörja intagningen av bräderna, men JP hade lite svårt att framföra det för sin far. Hur det hela avlöpte berättar JP:

Jag omtalade att jag ämnade utsträcka resan till Härnösand för att hämta, vad jag lämnat där, samt för att uttaga flyttningsbetyg från sjömanshuset. Pappa ville att i så fall, skulle jag uträtta ett ärende av största vikt åt honom i Nyland. Han ville att jag skulle fara till Angsta och hos Häradshövding Carl Martin Schönmeyer för Västanbäcks och Kläpps byamän utlösa syneprotokollet över insyningen av Fransåsens sågplats. Han sade, att domaren var mycket gammal och hade en oförsvarlig stor domsaga som sedan delats i tre och han skötte expeditionen så dåligt, att då det var något brådskande ärende, måste man resa ned och med pock och gräl söka få ut handlingarna.

När jag under denna resa var i Härnösand, där jag som vanligt tog in hos Sundkvist, samlade jag ihop mina tillhörigheter och gick till sjömanshuset och tog ut mitt flyttningsbetyg. På resan uppför älven träffade jag styrmannen Abraham Bergkvist som var med kapten Nätterkvist på "Örnsköld". Han såg mer förfallen ut än då vi vore skeppskamrater, men jag frågade ändå om han inte ville betala sin skuld till mig. Han svarade att det var ju ett lämpligt tillfälle att betala den, men att han tyvärr inte hade några pengar. Det var sista gången jag träffade honom.

När jag kom till Nyland, gick jag iland, men lät mina saker följa med till Skedom. Sedan skaffade jag skjuts till Angsta för att träffa häradshövdingen och framföra mitt ärende. Efter min begäran blev häradshövdingen mycket häftig och avvisade mig med svordomar sägande att han inom en vecka skulle sända protokollet med posten. Jag nöjde mig inte med det svaret utan satte mig på trappan i säkert en och en halv timme innan en notarie kom ut och sa att det nog inte skulle dröja så länge innan jag skulle få lösa handlingarna. När allt var färdigt och jag skulle betala lösen, var Häradshövdingen så mör, som ingenting hade hänt. Sedan for jag hem utan vidare äventyr.

Under min bortovaro hade det blivit full sommar, men då göromålen för oss voro enahanda som för andra, är ingenting därom att berätta.

*

Efter sommaren kom höstgöromålen, med bland annat att säden skulle malas till vinterföda. JP fick för sig att han skulle bli mjölnare trots den äldre broderns protester. Det JP satt sig i sinnet blev oftast av. Han bad sin goda moder att följa honom till mjölboden för att lära sig mjölsorterna. Tack vare det kunde han skilja på mjölsorterna enligt de märken som stod på säckarna. Efter det gav han sig i väg till kvarnen och malde säden och hemkommen befann sig mjölet utmärkt bra.

Under hösten lade de grunden till den blivande mangårdsbyggnaden, som på grund av den steniga marken tog all tid innan snön kom. Övrigt arbete under förjulsvintrarna beskriver JP följande:

Under förjulsvintrarna foro vi till Fransåsen för att hopsamla det under sommarn huggna timret. Timret skulle hopföras, innan det blev för djup snö, men det kunde en del vintrar dröja länge innan sjön och myrar frös så hårt, att vi kunde köra över dem. En del år kunde det även hända att det, medan vi höllo på med att köra ihop timret, föll så mycket snö, att vi fick gräva fram varenda stock under snön. Under hösten hade jag i tysthet inköpt ett timmerparti på 300 stockar av Omsjö-torparen för 75 kr och anmodat torparen Salomon Nordin vid Rörtjärn, som bodde i närheten, att ihopskota det inköpta partiet, som Pelle Palin och jag voro ägare till, så att även det låg på samma sätt som vanligt sommarhugget timmer.

Den övriga tiden av förjulsvintrarna arbetade JP hemma på gården. De hemforslade mycket skogsfoder från Fransåsen. Från Vigdsjöbotten var det även en del lass foder att köra hem. Den av JP inköpta lotten i Vigdsjögrävningsföretaget hade i det här laget börjat ge fodergröda.

Dessutom hemkördes och höggs mycket långved, som kallades julved, fast det räckte långt in på nästa år. Fram emot julhelgen var de uppe senast klockan fyra varje morgon för att hugga den hemkörda veden. På den tiden sågades inte veden utan alla som kunde hålla i en yxa var med på detta. Det höggs villigt och det var barnens högsta glädje att få vara med, vare sig de kunde uträtta något eller ej. De morgnar, de fick vara i vedboden och hugga ved vid eldsljus, blev för dem till ett kärt minne långt fram genom tiderna.

Sedan kom julhelgen och nyårshelgen vilka på den tiden firades i all enkelhet, men trots det hölls de i glatt minne från det ena året till det andra. Året 1865 var ungefär som det föregående, om också enskilda göromål kunde variera.

KAPITEL 12

NÖDÅREN

Andra halvan av 1860-talet kom att handla väldigt mycket om vädret och det besvärligheter som detta medförde. JP var dessutom en man som tog på sig extraarbeten och gjorde affärer med timmer, ofta tillsammans med Pelle Palin. Pelle Palin var född som Per Zachrisson och kusin till JP och son till Zachris Josefsson och hans hustru Anna Jakobsdotter – JP moster. Ett annat arbete för JP var att bygga upp sitt eget hus, vilket innebar många prövningar även om han fick hjälp av kunniga timmermän.

När han i maj 1866 skulle tillträda sin hemmansdel var enbart väggarna till boningshuset på plats. I sin beskrivning av övertagandet använder JP ordet skilsmässa, dvs inte mellan man och hustru utan mellan människor och ägodelar. Han beskriver denna händelse på följande sätt:

Någon förändring i vårt förhållande på gården vidtogs ej omedelbart efter tillträdet av hemmanet. Föräldrarna höllo utsädet av korn och hjälpte oss med vårgöromålen. Sedan köpte vi var sin häst av far, varpå vi fick

var sin ko på vissa villkor. På auktion löste jag en ko och åtskillig löse-
gendom. Efter skilsmässan hade jag sålunda häst och två kor, samt en
del husgerådssaker och jordbruksredskap. Arbetet mellan min bror och
mig gick ut på, att vi skulle arbete tillsammans på gården, tills även jag
kunde inflytta i min byggning. Jag skulle också ha del i uthusen, tills jag
fick egna. Det blev emellertid ej mycket tid över till arbete med sådant,
varför jag, när våren kom, hade ingenting färdigt. Min bror var då redan
gift och fick genast flytta in med hustru och dräng i egen fullt färdig gård.

Det blev sålunda för mig nu ingen annan utväg än att tränga mig in på
föräldrarna under sommaren. Detta medförde många besvärligheter,
som jag dock lämnar åt glömskan.

I stort sett hela sommaren försökte JP att få färdigt sitt hem ef-
tersom han gick i bröllopstankar. Både för JP och hans blivande hustru
blev tvungna att vänta tills alla höstgåromål var undanstökande, men
den 28 oktober 1866 blev det bröllop mellan Jonas Petter Sjödin och
Maria Dorotea Persdotter. Hon var ju född i Lidgatu och dotter till Per
Persson och Märta Nilsdotter som var ägare till Hemmanet B (litt. 2.2).
Hennes föräldrar fick nio barn där de två äldsta döttrarna redan var gifta
och hade bosatt sig på annan ort. Övriga sex syskon bodde än så länge
hemma hos föräldrarna.

Bröllopet pågick i dagarna tre och brudparet fick många bröl-
lopsgåvor, som 100 riksdaler, en ko, en säng, med mera av såväl JP:s
som hennes föräldrar. Av gästerna fick de kontanter, hela 300 riksdaler.
Maria Dorotea flyttade in med JP i deras torftiga hus utan att uttrycka
något missnöje. Huset var dåligt, för att inte säga obefintligt isolerat och
lösöret bestod av en dragsäng, ett köksbord, en gammal soffa och en
gammal skänk, några gamla stolar, en klädkista, som var hennes, och
slutligen JP:s sjömanskista. I sjömanskistan förvarades underkläder till-
sammans med alla handlingar som hörde till hemmanet. Lite nödvän-
diga saker för matlagning fanns också, men det var bara att hoppas att
allt skulle bli bättre, för sämre kunde det ju inte vara.

Arbetet låg efter överallt och hustrun fick genast överta vården av boskapen som JP:s mor skött tidigare. Dessutom fick hon hand om matlagningen och arbetade från tidig morgon till sena kvällen. JP å sin sida var ute hela dagarna så länge det var ljust, för att sedan dra hem hö och vatten, samt hugga kvällsveden. Av den anledningen fanns det inte tid för någon smekmånad, ja inte ens en smekdag, men paret kunde i vilket fall som helst krypa ned i samma säng om nätterna.

December 1866 var ovanligt kall vilket innebar stora besvär för familjen. JP berättar att vattensån igenisades, så att de måste hälla i varmvatten för att få den fri från is. Under natten frös även mjölken i trågen så att man kunde ställa trågen uppresta mot väggen utan att innehållet rubbades. Fönstren igenisades, så att man inte kunde se genom glaset på dagen. Hur stora brasor man än gjorde, kunde man inte få isen att lossna från fönstren. Mesta tiden gick åt för att forsla hem ved och hugga den.

Vintern 1867 var besvärlig, men det skulle bli värre. Det blåste och snöade och blåste, så att det blev omkring tre alnars (*1 aln ungefär 0,6 meter*) djup snö. Det blev ohyggliga drivor efter hagar och upphöjda föremål. Dessa drivor var så hårda, att de på de flesta ställen kunde bära hästarna. Då man kom hem från fjällkörslorna, fanns det inga vägar och de började därför bli utan ved. JP for då ut i skogen för att hugga utan häst och bara med långsläden för att dra hem den och då lastade han en halv famn[25] på släden. På slätmarken gick det väl ganska bra, men i sluttningen mot hemmet blev det ett enormt slitgöra och JP blev så svettig att det dröp av honom för varje steg.

---

[25] *Famn, en svensk famn är 6 fot = 3 alnar = 1,78 meter. Famn har även använts som ytmått (1 kvadratfamn = 3,17 m²) och som rymdmått (1 kubikfamn = 5,65 m³ = 6×6×6 fot). För ved har dessutom enheterna skogsfamn (2,83 m³ = 6×6×3 fot) och storfamn (3,77 m³ = 8×6×3 fot) använts.*

Ännu i slutet av maj var det mer vinter än vår och det dröjde ännu tre veckor innan det kunde göras något åt vårbruket. Under tiden var de flesta i stor saknad av mat för både folk och kreatur och i synnerhet för de senare. För familjen Sjödin gick det rätt bra eftersom de hade mindre boskap än vad som svarade mot fodertillgången. Eftersom våren var så sen kunde man inte börja så förrän veckan före midsommar. Det berättades också att såväl höga som låga i Härnösand hade stora bekymmer för bristen på livsmedel.

När vändningen kom, vilket den gjorde på midsommardagen och de två följande dagarna blev det så varmt att det var som vid Medelhavet. Efter den värmeböljan kom kallblåsten och så fortsatte det sedan hela sommaren. Det blev det värsta svagår som på många år både förut och efteråt gått över landet.

När de styrande fram på sensommaren började inse att olyckan närmade sig begärde de och erhöllo tre års räntefritt undsättningslån på 5,000 riksdaler för att rädda vad som räddas kunde. Nu förbjöd Landshövdingen August Weiderhielm länets innevånare att motta det, på stränga villkor erhållna lånet, med motiveringen att om man fick pengar skulle man köpa kaffe för dem. Av den anledningen fick en grosshandlare i Härnösand hand om pengarna med uppdrag att leverera korn till länsborna till billiga priser.

Grosshandlaren sände en segelskuta till Danmark och köpte korn för pengarna. Kornet skulle sockenborna få hämta i Skedom och allting skulle ordnas på det allra mest tillmötesgående sätt. Det dröjde väldigt länge innan något hördes om skutan med dess last och under tiden svalt folket, då de ej hade något att blanda i grödan. Sent omsider kom meddelandet om att säden låg magasinerat vid Lo bruk och där

141

kostade 32 riksdaler tunnan[26]. Man kan lättare tänka sig, än beskriva, det missnöje som uppstod, dels över priset, som var oskäligt högt efter dåtida förhållanden, dels över att säden var så långt borta.

Det var förenat med stora besvär och kostnader att få hem det stora partiet från Lo. Flertalet hade hästar och för dem gick det väl an, men för dem som inte hade hästar var det besvärligt. Kornet var bra, även om det var en smula unket, därför att det legat så länge i skutan. JP bad sin bror Hans, som hade yngre och starkare häst, att fara och hämta vad som de blivit tilldelade.

Sommaren 1867 förflöt med mängder av arbeten, både vid sågen uppe Fransåsen och hemma på gården. Tanken var att gården skulle delas mellan bröderna, men på grund av ekonomiska svårigheter vågade de inte begära förordnande av någon lantmätare utan de anmodade pappa Jonas och folkskolläraren Frisendahl att försöka sönderdela inägorna i lämpliga skiften. Det uppstod en hel del svårigheter i denna delning, speciellt vad gäller ängarnas och åkrarnas beräknade avkastning, det vill säga hur mycket det skulle gå att odla. Så småningom var man dock överens och all mark var fördelat mellan JP och Hans.

Förutom allt arbete som tillhörde gården åtog sig JP mängder av extraarbeten och han till och med återgick till sitt skräddaryrke. Det var dessvärre väldigt dåligt betalt för många av dessa extraarbeten. JP fick till exempel gå till Omsjö med ett brev en sen kväll. I mörker, regn, blåst och halka gick han över tre mil med en förtjänst av 2 riksdaler. För alla andra på bygden var det ännu sämre. De, som hade gammal och väl använd jord, hade nog kunnat så någon vecka tidigare på våren, än de som inte hade dessa fördelar. De kunde därför även skörda några

---

[26] *Tunna, användes förr som ett rymdmått för både våta och torra varor. Efter metersystemets införande standardiserades en spannmålstunna till 100 liter.*

dagar tidigare, det vill säga före frostnatten. Den natten, som kom väldigt tidigt, på sensommaren frös skörden och den blev grå i stället för grön. Då det frös över hela provinsen på en gång, kan man lätt föreställa sig hur utsikterna var att möta den stundande vintern.

Tack vare sina föräldrar kunde JP och han bror ha tillräckligt med mat, men bara en gång i livet hade han varit helt utan pengar, och det var denna höst. Tillvaron under den kommande vinter var, vad matförhållandena beträffar, den bästa. Familjen hade nämligen tre kor och mycket tillgång till foder åt dem, så att de mjölkade villigt. I övrigt använde de endast obetydligt köpt mjöl och det, med undantag av vetemjölet, var mycket dåligt. Det var bäst att köpa korn i tunnor och sedan mala själv. Utom det smör som de själva förbrukade, kunde de avyttra en del som utbyte mot skorpor och annat smått i hushållet. Det var så knappt med pengar att småhandeln mest ordnades genom byte.

Årstiden fortsatte sin vanliga gång fastän det blev mer och mer bekymmersamt i synnerhet för den fattiga befolkningen. Under vintern 1868 började nöden visa sitt allvar. Nu måste sockenstämman inskrida och besluta om nödhjälpsarbeten. Ett sådant nödhjälpsarbete var att bygga en bro för att sammanbinda vägarna på båda sidor om älven. Platsen för detta arbete var vid Bjesbackarna emot Resele och Skrottdalsbackarna vid Näsåker. Dagslönen för detta arbete var endast en struken kappa[27] korn. Dessutom var både arbetsvilja och arbetsförmåga svaga, varför arbetet drog ut på tiden.

Efter denna vinter, som varit uppfylld av mödor och besvärligheter, blev det tidig vår. I de flesta byar började sådden omkring 18 maj,

---

[27] *Kappa, en kappa = 1,75 kannor = 4,58 liter. Ett gammalt svenskt rymdmått för torra varor. År 1515 var 1 spann = 20 kappar. Enligt 1665 års regelverk var 1 kappe = 1/32 tunna (för torra varor) = 1/16 spann = 7/4 kanna = 4,58 liter. Efter metersystemets införande i Sverige har kappe ibland kommit att användas för 5 liter*

men trots en regnperiod var sådden undanstökad första veckan i juni och dessutom i soligt och vackert väder.

Under detta år, liksom kommande tre åren arbetade JP med brädflottning. Inte enbart från Fransåssågen ner till Ångermanälven utan även från Holaforsen ner till Ångholmen. Sommaren 1868 hade alla stora förhoppningar på en god skörd, men dessa förhoppningar kom ohjälpligt på skam, därför att det på hela sommaren knappast kom en enda regnskur. Av den anledningen blev det stor missväxt på både foder och spannmål. Även JP fick mycket lite av den goda skörden eftersom ägorna inte kunde motstå torkan. Ändå fanns de som fick ännu mindre på sina ägor i förhållande till arealen.

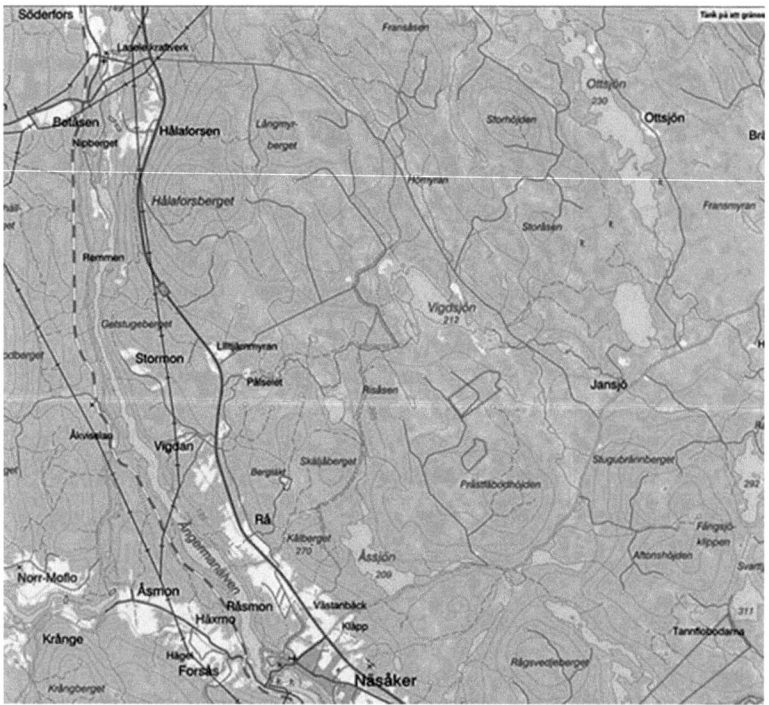

Figur 38 Dagens karta över området där familjen Sjödin verkade under flera år

Efter den varma sommaren blev de överraskade av en ovanligt tidig vinter. Redan under sista veckan i september kom den. Som vanligt var större delen av den vuxna befolkningen på marknaden i Sollefteå.

På natten mot torsdagen föll det cirka en kvarter[28] snö med blåst och kyligt väder så att det blev ganska besvärligt att ta sig hem i det gräsliga väglaget och utan vinterkläder. Från många familjer i Liden sändes hästar och folk ända ned till Eds socken med kläder och för att hjälpa till med att frakta hem folk och varor.

Denna höst blev det vinter på en gång, så att de, som inte tagit upp potatisen före marknaden, tvingades ha den i marken över vintern. Eftersom våren och sommaren hade börjat så lovande hade JP för kommande år anlitat både piga och dräng. Nu gick alla förhoppningar omkull, men han använde sig ändå av hjälpen, så att han lättare kunde åta sig ett och annat extra göromål. Under de långa vinteraftnarna och de tidiga morgnarna sysselsatte sig JP med skrädderi, vilket innebar att vintern gick ganska bra, men för många av de fattiga var det svårt i synnerhet för äldre personer och för stora familjer.

*

För pappa Jonas och mamma Lena Brita innebar dessa år inte så stor skillnad eftersom de nu var fria från alla plikter och mer eller mindre enbart behövde tänka på sig själva. På vintern 1868 köpte Jonas, från Finland, en stor mängd renbänningar och renhäner *(Idag kallas det bällingar, och är det skinn som kommer från renens ben. Renhäner är sannolikt hela renskinn.)* Från Åsele skaffade han sig en lappskomakare, men honom fick han inte förrän på höstsidan. Sedan arbetade Jonas och lappskomakaren till Pålsmässan 1869. Det såldes nog åtskilliga par,

---

[28] *Kvarter, längdmått där en kvarter motsvarar 6 tum, dvs ca. 0,149 meter*

men köplusten var inte stor. Råvarorna hade han köpt mycket billigt, men tiden var alldeles ur sina gängor, så det saknades både pengar och föda. Detta gjorde att företaget började visa motigheter. Trots det for han till Pålsmarknaden, men eftersom det var mycket kallt de dagarna var det ingen köplust. Han satte ned priset så lågt han kunde men det gick dåligt i alla fall.

Efter hemkomsten frågade han sin hustru om hon ville göra honom sällskap på en lång resa så skulle de fara ut och försöka sälja lappskor och ett och annat par handskar och att de möjligen skulle utsträcka resan till Hälsingland och med detta var även hon belåten. Så gick han och köpte sig en häst och packade en stor del av sina lappskor och sedan bar det i väg med gubben och gumman söderut. Resans slutmål blev Hälsingland och släkten i Arbrå. Även denna gång blev de vänligt mottagna av hans kusiner. De vilade där en vecka och sedan återvände de hem. Affärerna gick dock dåligt även om han sålde några par skor under utresan och gav bort några par.

Väl hemkommen blev problemet hästen, eftersom det var brist på foder. Han ville skänka hästen till någon av sönerna, men de var egentligen inte intresserade eftersom det skulle innebära större brist på foder. Till sist så blev det så att JP fick hästen och han betalade 50 riksdaler till Hans. Resultatet blev ändå den att hela besättningen i ladugården det året blev svältfödda. Utomstående skulle nog anse att lappskohandeln och resan var en dålig affär, men Jonas klagade aldrig. Han hade ju fått vara ute i handel och äventyr.

*

Något av nödåren 1868 och 1869 samlades det in ett stort kapital i Amerika som skänktes till Sverige och då i synnerhet till Norrland. Om spannmålen sändes direkt från Amerika, eller om den för pengar inköptes här är oklart, men säkert är att Lidens socken erhöll en betydlig kvantitet spannmål. Nu beslöts, troligen av Länsstyrelsen, att säden skulle betalas, fastän den var skänkt till socknen och att man skulle erhålla två års räntefritt anstånd med betalningen och att sockenmännen skulle ikläda sig borgen för lånen. Man motiverade detta beslut med, att dessa pengar skulle kapitaliseras, dvs sparas, för att i en framtid vid eventuellt nödår kunna användas igen.

Sedan dess har det nog inte varit något egentligt nödår, och under de förflutna åren har troligtvis inte något inbetalats av dessa medel. Den fattigare befolkningen fick ingenting av den skänkta spannmålen, utan de fick arbeta i de pågående nödhjälpsarbetena. För dessa arbeten betalades de nu med en kappe havre per man och dag. Det är därför inte svårt att förstå deras nöd och missnöje. Man ansåg det orätt att bönderna, som skulle bygga och underhålla vägar, skulle tvinga dem att gå i deras arbete för så ringa avlöning. Det var ett nödhjälpsarbete och ingen arbetade mer än för att uppehålla kroppsvärmen. Nödhjälpsarbetet bestod i socknen av att anlägga vägar. För att det skulle se ut som något gjordes lades träd med kvistar och rötter direkt på marken och över allt detta, jord som underlag för vägen. När våren kom, och jorden tinade lös från rötterna, kvistarna och träden fick man göra om alltsammans igen.

Hur dessa ridvägar och byggda vägar byggdes blev därför ett stort misslyckande. Eftersom kostnaderna till största delen bestod av arbetskostnader, beordrade man arbetskraften efter skatt, dvs efter det selandstal som var åsatt varje hemman. Dessvärre var inte detta ett rättvist system eftersom skatteläggningen skett på mycket olika tider och under skiftande förhållanden. I samband med förrättningar kunde det hända att förrättningsmannen påverkades på olika sätt, eftersom han i de flesta fall kunde göra som han ville. Att påverka förrättningsmannen kunde därför ske och då oftast av de största markägarna. Skattetalet baserades ju på mantal, eller som det hette i Västernorrland - seland, där 24 seland var ett mantal och hur många seland ett hemman bestod av kunde förrättningsmannen själv fastställa. Efter 1856 blev det lag på att

147

det skulle vara mycket starka skäl om ett mantal – 24 seland – skulle få tilldelas över 2,500 tunnlands areal med inägor och skogsmark tillsammans.

Förhållandet under 1869 år vinter var för människorna ungefär detsamma som föregående vinter, men djuren fick däremot lida oerhört. Det var för dem en verklig nödårsvinter, På vårsidan kunde man inte till något pris få köpa ett pund hö eller halm. Det var en lycka i olyckan, att våren inte blev så sen detta år.

JP fick ensam bege sig till Fransåsen denna vår för att se över timret som byamännen huggit och lagt i noter. Det visade sig att noter var sönder och timret låg spritt efter stranden. Hela natten fick han arbeta för att samla ihop timret och våt upp till axlarna fick han knappast någon lustvandring hem på morgonsidan. Han fick dock tillgodoräkna sig två dagsverken av byamännen.

Slåttern blev detta år så tidig, att den påbörjades i Fransåsen medan JP var borta i timmerflottningen. Då detta var lagarbete, fick hans hustru ta med drängen och pigan. Med ett barn på armen (*Petter född 28/5 1868*) och en duktig matbörda gjorde hon dem sällskap för att sköta om hushållet, eftersom de även hade lejd hjälp. JP kände ju till detta och gjorde allt för att komma hem så snabbt som möjligt. En vansinnig och livsfarlig färd efter älven slutade i Österstrinne hos Erik Viström. Där övernattade han och slutförde redovisning och likvid för flottningsarbetet. Samma dag tog han skjuts och gick hem till Kläpp, men där fanns ingen mat så han fortsatte till Fransåsen. Dit kom han samtidigt som slåtterfolket steg upp, men JP var så medtagen att han sov till frukosten. Dagen efter började han fundera hur synnerligen våldsamt han behandlat sig själv genom att arbeta utan förstånd eller omtanke om sin hälsa.

Redan på vårsidan 1869 började lagsökningar och auktioner visa, att det stod illa till med förtroendet man och man emellan inom socknen. På en sådan auktion inköpte JP en stugbyggnad för 30 riksdaler. Denna rev han och körde hem. Då det var sista sommaren JP hade rättigheter till bagarstugan hos sin broder, var han tvungen att uppsätta och inreda stugan under sommaren.

På senare delen av sommaren började det bli kallt igen, varför grödan hindrades att mogna. Man hoppades i det längsta på bättre väder, men en frostnatt fördärvade större delen av skörden. Denna höst och vinter blev nog den värsta av alla tre. Det var inte nog med att man var utan föda för vintern, borgenärerna började även återfordra sina utlånade pengar. Det blev lagsökningar, pantningar och auktioner på både hemman och torp.

Det var inte så stor skillnad på levnadsförhållanden 1867 och 1869. Skillnaden bestod i att ena året fanns det inte föda att köpa och andra året inga pengar att köpa föda för. Därför fick friska arbetare gå på landsvägsarbete för en struken kappe havre och med samma missnöje som föregående år. Det fanns ju även en del som var oförmögna att arbeta och vårda sig själva. Dessa färdades omkring i byarna för att för några dagar gästa varje familj bland bönderna. Nu var myndigheterna, av den uppfattningen, att dessa kringvandrande gäster skulle underhållas efter rök, dvs gästa lika länge i alla gårdar. Å andra sidan ville bönder med mindre gårdar att de skulle gästa efter skatt, dvs längre tid hos de bönder som betalade mer i skatt. Detta missförhållande hade medfört att några bönder hade ingett en skrivelse till myndigheterna.

På begäran av sockenbönderna satte JP upp en klagoskrift och sände den till Sjömanshusombudsmannen, rådmannen P.G. Rönnblad i Härnösand och bad honom följa målet hos Kungl. Maj:ts Befattningshavare. Målet var att överklaga detta med att fattighjonen skulle bevista bönderna efter rök, för att i stället bevista efter skatt.

Nu råkade JP göra ett misstag i sin senare påminnelseskrift, vilket innebar att hela målet avskrevs. Dessbättre så hade klagoskriften

149

ändå det goda med sig att det var sista gången fattigvård utgick efter rök. En ny lag antogs redan 1866, men det gick mycket sakta att komma ifrån gamla orättvisor. Den bekvämliga röken användes långt inpå 1870-talet vid allmänna arbeten för att till exempel bygga kyrka och skola. Vad beträffar underhållet av vägar och skjutsskyldigheten[29] ingick inte detta i den nya lagen, men i början av 70-talet blev det ändring i skjutsbesväret, dvs att bönderna skulle ställa upp med skjuts för bland annat postgången, så att delar av skjutsningen upphörde, för att senare utbjudas på auktion till den minstbjudande per seland. För Lidens socken innebar detta en extra kostnad på närmare 5,000 kronor som tidigare inte ingick i de kommunala avgifterna.

*

Under 1860-talet hade Maria Dorotea fött parets första barn, en pojke som fick namnet Petter, som föddes den 22 maj 1868. Jonas broder Hans Jakob hade gift sig den 25 juni 1865 med Christina Jakobsdotter från Anundsjö. Paret hade dessutom fått tre barn, först Augusta 6 juni 1865, därefter Helena Lisa den 13 februari 1867 och även Jonas Jakob den 4 december 1869.

Jonas och Lena Brittas övriga barn bodde hemma, dvs Nils Johan och Carl Oskar, även om de ibland tjänade som drängar på andra gårdar. Däremot hade dottern – Katarina Helena – gift sig med Jakob Eriksson den 2 april 1866 och bosatt sig i Anundsjö. Paret hade dessutom hunnit få två barn, dels Inga Christina som föddes 23 januari 1867,

---

[29] *Skjutsskyldighet innebar att bönderna vid behov skulle ställa transportmedel till resandes förfogande, särskilt åt dem som reste i kronans ärenden.*

Till och med 1873 hade vissa jordägare på landet skyldighet att befordra kronans brev. Den s k kronobrevbäringen användes mest för länsstyrelsens brev till underlydande landsstatstjänstemän och av präster. Enligt soldatkontrakt 1863 ålades indelta soldater att sköta viss postgång. Från 1878 inrättade Postverket lantbrevbärare som tog sig fram till fots.

dels Erik Jakob den 13 mars 1869. Dessvärre hade Jakob Eriksson avlidit, endast 35 år gammal, den 2 december 1869 och orsaken var smittkoppor.

På den tiden fungerade det så att tinget i Hämra i Sidensjö förordnade förmyndare för Jakob Erikssons omyndiga barn, trots att modern levde. JP Sjödin blev tillsammans med Olov Olofsson i Myckelgensjö utsedd som förmyndare för de två omyndiga barnen och genast under förmyndaransvar ta hand om boet. Som vanligt skulle bouppteckning göras och eftersom hemmanet både hade tillgångar och skulder innebar det auktion och arvskifte.

Det var ett besvärligt arbete, dels eftersom JP hade nära 3 mil till Jakobs hemman i Grundtjärn och den andre förmyndaren också hade 3 mil åt andra hållet. Det andra problemet var att det fanns andelar i kronobyggen, Björnbäck och Vike, där ägarförhållandena var oklara och en av parterna var ett bolag – Härnösands Ångsåg.

Under arbetets gång, vilket tog flera år visade det sig att Vike saknade läge för skattelösen, att såväl Björnbäck som Vike hade otillräckligt odlade ägor, men att båda nybyggena hade blivit skattelöst ändå, enligt landskanslist A Anderbergs mutsystem. När det kom till kännedom att Anderberg tog mutor avsattes han genast av Landshövding Träffenberg och måste vid första lämpliga tillfälle avflytta från orten.

Allt detta ställde till med stora problem för förmyndarna, speciellt vad gällde Björnbäck, där man antingen var tvungen att bebygga och börja odla eller att sälja. På det sättet kom JP i kontakt med Inspektor August Klingberg från Grundtjärn, som ville köpa. Efter flera kvällar och hårda förhandlingar enades de och ett köpeavtal på 4,500 riksdaler med vissa förbehåll upprättades och bevittnades. På föreskriven tid betalades köpet.

Även Jonas svåger Hans Mårtensson, som var gift med Lena Britas syster Margareta –moster Greta -, hade dött - den 30 april 1867-

151

då han var 59 år. Lena Britas syster Sara, som var gift med Erik Nilsson i Västanbäck, avled den 28 januari 1867, 67 år gammal. Hustrun till Jonas bror sockenskräddaren Erik Göransson, - Brita Stina Hermansdotter -, dog den 3 januari 1868, 53 år gammal. Erik gifte dock om sig redan den 28 november samma år med Anna Stina Hansdotter.

KAPITEL 13

VÄNDNINGEN

Vintern 1870 var visserligen till att börja med ganska besvärligt, i synnerhet för den fattigare befolkningen, men det dröjde inte längre än till februari eller mars förrän Härnösands Ångsåg började med avverkningar på fjällskogarna Tallnäset och Västansjö. Då började det genast bliva lättare åtminstone för arbetarklassen och särskilt för dem som hade egna hästar. Priset per dag höjdes från 2 riksdaler till 5 riksdaler för manskap med häst.

För JP:s del bestod arbetet i att fullgöra byggnationer på hemmanet, att som vanligt sköta flottningen och i övrigt arbeta på gården med att förbättra ägorna. Detta år blev det en bra sommar och JP fick till och med mer än han beräknat och slapp därför några förebråelser från sin far över hans sätt att sköta jordbruket.

Dessutom blev det mer arbete som förmyndare och godeman för JP:s systers barn. Det tidigare nämnda köpeavtalet var inte tillräckligt

Figur 39 Mariebergs såg, senare årtal.

utan ett nytt skulle upprättas med släktingarnas godkännande. JP:s syster – Katarina Helena - hade den 24 juni 1872 gift om sig med Nils Jonsson Österberg och paret hade via Rockström i Örnsköldsvik klagat på förmyndarna för att de skötte förmyndarskapet illa och begärde att de skulle avsättas. Orsaken skulle ha varit att förmyndarna sålt myndlingarnas egendom plus andra orsaker.

Måndagen efter att JP fått kännedom om detta brev gick han först till Ramsele för att träffa Näsström som företrädde bolaget Marieberg och Kungsgårdens bolag dit Klingberg överfört äganderätten för Björnbäck. Näsström kände väl till både Österberg och Rockström och att bolaget hade för sed att dra sig ifrån krångelmakare och processer. Om JP ville betala köpesumman och omkostnader skulle han avstå från åborätten i Björnbäck, dvs låta köpet återgå. Det var även JP:s avsikt, varför handlingarna upprättats. Dagen därpå gick JP i ett sträck från Ramsele till hemmet i Kläpp och efter middag fortsatte han under kväll och natt till Myckelgensjö. Dagen därpå träffade han den andre förmyndaren - Olof Olovsson – och tillsammans författade de en skrivelse till Kungl. Maj:ts Befattningshavare med innebörden att de inte olovligt sålt de omyndigas fastighet och att de voro mycket tacksamma att få lämna förmyndarskapet. Ny blev beslutet ändå det att Kungl. Maj:ts

154

Befattningshavare underkände klagomålen både från systern och från förmyndarna och de måste fortfarande vara förmyndare.

Nu blev därför dödsboet efter Jakob Eriksson, med JP och Olov Olovsson som förvaltare åter ägare av Björnbäck och de fick under många år ha Nils Österberg som arrendator på stället. Under flera år blev detta bara till besvär och Nisse Österberg försökte på alla sätt lura till sig pengar från förmyndarna, främst genom att inte betala det som skulle gå till dödsboet. Detta ledde till att Olof Olovsson avsade sig förmyndarskapet och att han ersattes av JH Flink i Grundtjärn. Vid ett tillfälle trädde dock JP:s syster in som medlare mellan hennes egen man och förmyndarna. Hon redovisade de 500 kronor som Nisse försökte undanhålla. Så småningom blev barnen myndiga och dödsboet avvecklades. I samband med det så var barnen hederliga nog att betala det styvfadern varit skyldig. I och med det kunde JP lämna den affären för att ägna sig åt annat.

*

Under vintern 1870 arbetade JP Sjödin betydligt i skrädderiyrket. Han arbetade i allmänhet minst halva natten för att förtjänsten skulle bli större, men hälsan började ta skada och han började frukta för följderna av nattvak. På hösten köpte han dessutom en symaskin, den första som kom till Liden, med tanke att den skulle bli till stor nytta, men då han i stället alltmer började syssla med affärer, blev det mest hans hustru som hade användning för symaskinen.

Även år 1871 började med att tiderna ytterligare förbättrades. Detta var sista året, som de flottade timmer i Vigdsjögyttjan och sågade i Fransåssågen. Det var även sista året JP förestod brädflottningen i Vigdån och Ångermanälven.

155

Under 1860-talet hade arbetet med skogarna i Fransåsen blivit åsidosatt och misskött. Per Jansson och Abraham Franzén hade sålt avverkningsrätten på 20 år till Grosshandlarna Lindbäck i Sundsvall, men de gick senare i konkurs. Bolaget Marieberg-Kungsgården underhandlade om att sätta Vigdån i flottbart skick, varför Inspektor August Klingberg tog reda på vem som egentligen var ägare till berörda skogar. Det visade sig vara Possessionaten [30]J.P. Eriksson i Sunnansjö i Holms socken i Medelpad.

Figur 40 Kungsgårdens ångsåg. Foto: Lydia Sjöström, från Länsmuseet Västernorrlands bildarkiv

Kungsgårdens ångsåg uppfördes redan 1857, men 1886 bildades Kungsgården-Mariebergs AB. Ägarna var då grosshandlare Johan Edvard Francke [31]tillsammans med grosshandlare August Walley.

Nu ville inte Eriksson sälja skogen utan avverka den själv. Däremot ville han ha förslag på någon som kunde sköta avverkningen åt

---

[30] *Possessionat är en godsägare som är ägare av ett större jordbruk, som benämns gods*

[31] *Edward Francke var från 1875 ordförande för Sågverks- och trävaruexportföreningen. Han blev 1887 riddare av Vasaorden. Edward Francke var en av de mest betydelsefulla pionjärerna inom svensk trävaruexport.*

honom. Klingberg svarade "*Jag vet en, som Eriksson säkert kan lita på, om han har tid och vilja*". Den person Klingberg avsåg var JP och han tackade Klingberg och lovade att sköta om arbetet till hans och ägarens fulla belåtenhet.

Nu gick det lång tid utan att JP hörde av Klingberg och han vågade inte skriva till Eriksson. Trots detta tog JP tre karlar med sig och gav sig i väg till Fransåsen. På en karta märkte de ut skiftenas lägen för avverkning och förberedde avverkningen så gott det gick. Efter hemkomsten hade han fortfarande inte hört något varför han tog mod till sig och skrev till Eriksson, som svarade att de skulle ses i Sollefteå veckan därpå under marknaden.

Eriksson tog emot vänligt och de gick igenom arbetet där de kom överens om att ersättningen skulle bli 5 öre per klamp och 10 öre för bjälkarna. Pengarna skulle JP få genom Klingberg, men då ville han avsäga sig uppdraget. Eriksson frågade varför och då JP omtalade att han inte fått några pengar av Klingberg utan lagt ut 500 kronor själv blev han alldeles tyst och sa "*Jag skall ställa det så, att Sjödin skall få ta pengarna av dem som köper timret.*" – "*Ja, då är saken klar*", svarade Jonas Petter.

Vintern blev även den klart bästa på väldigt länge, med klart och blitt väder och lite snö. JP tillbringade största tiden i Fransåsen eftersom han skulle vara med och tumma allt timmer och uträkna alla tumsedlar och anteckna kassan och proviant ur kladdarna varje månad. Det var så mycket folk att det var 16 matlag i köket och han använde kammaren som kontor, men han hade inte hjälp för en kronas värde under avverkningstiden.

När våren kom, hade dom 17,000, långt och grovt timmer, samt över 600 bjälkar. Timret blev man av med omedelbart, men med bjälkarna blev det en lång och äventyrlig historia. Eriksson försökte själv sälja bjälkarna, men lyckades inte och eftersom våren kom tidigt tinade

157

bjälkarna genom isen och JP kände sig mycket orolig. Postgången på den tiden var mycket dålig varför JP tvingades sälja bjälkarna utan att höra Eriksson. De 3,000 kronor han fick för bjälkarna skulle därefter sändas med post, och att lämna 300 tior i ett kuvert till postombudet, gästgivaren E.J. Lidholm, gjorde honom något orolig eftersom E.J. la kuvertet utan tillsyn där det var en mängd människor i rummet. JP kände sig tvungen att vakta brevet till postiljonen kom kl. 2 på natten och bara stoppade brevet i fickan, vilket inte gjorde JP lugnare. JP fick dock ett kvitto nästa gång posten kom från Sollefteå och så småningom fick han dessutom ett stort tack och beröm över sin redighet av Eriksson. Anledningen till Erikssons tystlåtenhet berodde enbart på den usla postgången den årstiden.

JP hade egentligen inte talat med Klingberg från tiden för Fjällsjömarknaden till uppbörden i Liden. Nu träffades de och Klingberg betalade av ett lån på 50 kronor och berömde JP för hur han skött avverkningen åt Eriksson. Han omtalade att han var förlovad och skulle gifta sig och frågade om JP kunde köpa en lämplig tomt i Näsåker och bygga en gård färdig för inflyttning till hösten. För allt detta besvär skulle JP erhålla 500 kronor. Med viss tvekan, men efter smicker, åtog han sig uppdraget och gick direkt till Hemmansägaren Per Ersson och köpte en stor och centralt belägen tomt för 1,600 kronor. Under vintern köpte JP dessutom en byggnad i Forsås och fick den nedtagen och fraktad till tomten. Allt detta skedde samtidigt som avverkningen i Fransåsen. Något mer gjordes inte på vintern, men när det blev vår blev det mycket att göra.

JP anlitade arbetskunniga träarbetare för 2 kr per dag och lyckades anlita muraren, kakelugnsmakaren Bodén, men han började inse att han inte skulle hinna uppföra även ladugården under sommaren. Han fick då reda på att grannen, handlaren Blom ville sälja hemmanet och det föll honom in att köpa det för 3,000 kronor, så att de, åtminstone under vintern skulle kunna använda det hemmanets ladugård.

Klingberg tyckte att allt detta var utmärkt, men han ville också att JP skulle överföra hemmanet på honom. Detta innebar att han gick där och arbetade hela sommaren för 500 kronor, då han samma sommar hade kunnat sälja hemmanet till en annan person för 6,000 kronor. Till råga på allt så reste Klingberg bort mitt i sommaren utan att meddela det och utan att lämna några pengar och utan att lämna någon adress.

Hade JP varit som andra människor hade han inte fortsatt med arbetet, men det gjorde han och arbetade med lånade pengar. Huset var i det närmaste färdigt och JP hade lånat över 4,000 kronor, men Klingberg var fortfarande borta, så inte hade han trevliga dagar. Så en söndagsafton, då JP höll på att klä av sig, kom ett bud från gästgivargården, som meddelade, att Klingberg med fru kommit dit och nödvändigt ville träffa honom.

Vid sammanträffandet sa JP nog ett och annat om Klingbergs beteende, så att även hans fru hörde det, men Klingberg var mycket mör och sade att allt var så bra nu. Redan samma kväll skaffade JP några karlar att städa undan och flytta det nödvändigaste bohaget till Klingbergs nya hem. Till sist blev byggnaden mycket väl tillpyntad och målning och tapeter var utmärkta, så att de blev mycket belåtna, men så kostande huset färdigt också drygt 6,000 kronor. Det sas sedan att Klingberg hade den finaste bostaden i socknen.

Förutom detta bygge hade JP samma sommar, på uppdrag av kommunen, att riva och timra sockenstugan, samt att inreda och förbättra densamma. Arbetet skulle utföras efter gångled, vilket visserligen var ett föråldrat system, men det enda, som då kunde tillämpas. Ingen hemmansägare gick dit utan de lejde första bäste och de torpare som var skickliga arbetare ansåg systemet orättvist och arbetade därför minsta möjliga. Av den anledningen blev det ett långt, dåligt och tröstlöst arbete.

På lediga dagar deltog JP i göromålen vid hemmet. Han speku-
lerade även på skogsköp och köpte 4 mindre skogslotter under somma-
ren. Dessutom använde han tiden för att förbereda arbetet med Eriks-
sons skogar inför kommande vinter.

*

Under de här åren så fortsatte fadern Jonas Sjödin att arbeta som gode-
man vid skiftesverket, men han avsade sig fjärdingsmansbefattningen.
Övriga i familjen hade kanske trott att han skulle ta det lugnt nu när han

slapp jordbru-
ket, men det
var inte en till-
varo som pas-
sade Jonas.
Yngsta bro-
dern Karl
Oskar hade bli-
vit påverkad av
allt tal om det
förlovade lan-
det och emi-
grerade till
USA. Han for
den 2 novem-
ber 1870 och
hur det gick för
honom finns
inte dokumen-
terat. JP har
enbart noterat
att Karl Oskar

Figur 41 Nils Johan "Nicke" Sjödin

dog i Brittiska Amerika 1884 eller 1885, endast 34-35 gammal.

Den näst yngsta sonen Nils Johan – kallades allmänt för Nicke – var en person som kanske skilde sig från övriga syskon en hel del. Han var en enstöring som var mer intresserad av att ensam sitta i en verkstad med sina uppfinningar än att sköta jordbruk. Den 27 oktober 1872 gifte han sig med sin kusin Andrietta Helena Göransdotter. Hon – född 5 april 1850 – var dotter till Göran Göransson, det vill säga Jonas Sjödins yngre bror. Denne Göran Göransson, som var kyrkvaktmästare, dog den 9 oktober 1873 i hjärnblödning, endast 55 år gammal och efterlämnade hustrun Aurora och tre barn. Även Jonas bror Hans Göransson Lidström dog under dessa år, bara 57 år och han av "slag". Hans dog 10 januari 1872 och efterlämnade hustrun Anna Magdalena och 13 barn.

JP Sjödins farmor – Kajsa Greta Vikström – fortsatte att sommartid frakta folk över älven. Där satt hon och rodde tills hon blev så gammal att han knappt fick årorna i vattnet, men likväl kom hon fram. Folket sade visserligen att båten var så inkörd och van att den gick själv, bara hon höll kursen med årorna. Kajsa Greta, eller officiellt Katarina Margareta Vikström, dog 30 november 1871 då hon var 89 år gammal.

*

Efter Klingbergs hemkomst blev JP mer och mer en förtrogen vän i hans familj, och han gjorde honom stora tjänster ute i skogarna och på resor. Det var dock inte enbart enkla affärer som genomfördes och många hårda ord utväxlades mellan honom och Klingberg. Nu hade JP sysslat med skogsgöromål endast ett år, men ändå hunnit utföra ett stort arbete. Han hade haft stor hjälp av Erikssons och Klingbergs stora förtroende. Eriksson var en hedersman, som höll sina avtal och höll JP med pengar. Om Klingberg finns det däremot mycket att säga, men han var värst mot sig själv. Han förstod sig inte på konsten att sköta pengar och trots att JP försökte hålla honom från sig, blev Klingberg mer och mer

161

skyldig och det var omöjligt att få igen något. Sista uppgörelsen mellan dem blev lagsökning.

Året 1873 blev mindre händelserikt för JP och affärerna. Det huvudsakliga arbetet bestod i att sköta om Erikssons avverkningar i Fransåsen och Holaforsen, men med betydligt mindre avverkning än föregående år.

Eftersom han saknade kapital kunde JP inte behålla hemmanet han köpt av Anders Sundlöf i Västanbäck med andel i Kläpp, avradslandet[32] 1/30 i Vigdsjön, samt en sjättedel av byn Fransåsen. På vintermarknaden i Sollefteå sålde JP allting förutom Kläppdelen på 21/16 seland, 300 tunnland vacker skog och utan upplåten avverkningsrätt. Detta behöll han för egen del och det hade kostat honom 1,000 kronor. Denna del i Kläpp var lika stor som faderns hela hemman och för det hade JP endast lagt ut 1,000 kronor.

Då han nu hade hemmansdelen i Kläpp, fick han mycket mer göromål hemma, så han måste skaffa mig ännu en dräng, oavsett alla affärer så skulle alltid jordbruket och gården förbättras. Sommarens väderlek var växlande, men både halmen och kornet gick i det närmaste oskadda genom proceduren, och det blev ett gott år.

Ett uppdrag under året för JP var att han skulle åka och betala bönderna på Hälla 8,000 kronor som likvid för Brattforsmo, som inköpts från dessa byamän av Marieberg-Kungsgården genom Inspektör Klingberg. Nu hade Klingberg bara 7,200 kronor och frågade om JP kunde gå och låna upp resterande 800 kronor. JP lyckades låna pengarna och åkte till Hällan där han bjöd på toddy och betalade ut pengarna. Vid

---

[32] *Ett avradsland var, i dess ursprungliga, medeltida bemärkelse, en avsöndrad del av* allmänningen *utanför gårdarnas eller byarnas territorier, som den kronan låtit bönder på vissa gårdar eller i vissa byar få exklusiv nyttjanderätt (men inte äganderätt) till, mot erläggande av en årlig avrad (arrendeavgift) till kronan.*

hemkomsten till Klingberg var han mycket belåten, men han yttrade inte ett ord vare sig om de 800 kronorna eller resekostnaderna.

En gång efter ett hätskt uppträdande med Klingberg kom JP hem och hans hustru omtalade att hon av en gumma från Näsåker fått höra att han skulle få stryk av Klingberg. Hon hade då tröstat sig med att tänka, att i sådant fall blev det nog Klingberg som drog det kortaste strået. De oförrätter som JP lidit, kunde han nog glömma, men inte fordringarna på 2,500 kronor. Genom Klingbergs oförståndiga beteende, fick han till sist mod att lagsöka honom och genom denna raska manöver lyckades han få största delen av sin fordran, men han var också den siste. Det var Sollefteå trävarubolag och hans efterträdare Johanzon som hjälpte honom. De övertog gården i Näsåker, men troligen begärde de inte honom i konkurs. Han blev dock fattig och sjuklig och hustrun Amanda Hedin for ifrån honom. Några år senare dog han.

De 800 kronor som JP lånat upp inför betalningen till bönderna i Hälla fick han så småningom genom Klingbergs efterträdares försorg. Även Eriksson hade blivit av med pengar till Klingberg, men Klingberg hade då sagt att det var ersättning för att han skaffat ett så ordentligt ombud.

*

Under denna tidsperiod var alla spritvaror fria och det fanns krögare överallt. De värsta krögarna voro dock handlarna. Dryckenskapen, åtföljd av gräl och slagsmål florerade. Krögarna bryggde champagne själva och tog 10 kronor flaskan. Denna champagne bestod av brännvin med lite färg i. Då vanligt brännvin kostade 1 kr blev det avsevärd förtjänst för handlarna.

Det var inte bara grovarbetare, som drack omåttligt, utan även timmertummare, förmän, faktorer, ja, till och med en och annan länsman levde likadant. Och göromålen sköttes därefter. Timret falsktummades, omvändes och tvetummades. Följden blev processer, men det var förenat med mycket stora svårigheter att få någon fast, De bästa och finaste gav även mutor. På uppbörder och marknader var det mycket supande men sällan vänskap.

Figur 42 Sprängsvikens ångsåg 1881 efter ett litografi i kalendern Svea

Vid denna tid hade Erik Petter Persson i Höven, Christian Hansson från Danmark och Thomas Thiis från Norge byggt Sprängvikens ångsåg och var ännu ägare av densamma. Dessa hade antagit Anders Svanström till inspektor. Han lämnade brodern Daniel och en släkting - Lars Värme - att vandra omkring i socknarna och tumma köptimmer för bolagets räkning. Även JP hade för Erikssons räkning sålt timmer till bolaget, och var därför leverantör med dessa pojkar såsom mottagare.

En gång hade JP stämt träff med dem på Holaforsens gästgivargård, för att tumma timmer, trots att han var förkyld. En av ynglingarna hade beställt ett rum med två dubbelbäddar åt dem gemensamt i övre våningen och med sig hade de en okänd man. När han, som tycktes vara förman för de andra, fick veta att JP ej kände sig riktigt kry, med anledning av förkylningen, ordnade han till en mjölkkask. Han beställde en hel spilkum uppkokt mjölk, i vilken han blandade ungefär 1½ jungfru

164

[33]brännvin, varpå han bäddade väl om JP. Han ville mycket väl, fastän han gav honom lite för mycket medicin.

Hela kvällen och halva natten höll de tre på och drack upp den ena flaskan efter den andra. Medan sista flaskan tömdes, förde de grovt språk och ett riktigt busliv. Vattenkaraffen, spilkumen, glas och flaskor slogs sönder och kastades i kakelugnen, så att den blev full. De blev även ovänner och skulle gå ut och göra upp sitt sista mellanhavande. När de väl kom tillbaka blev de så sjuka att alla tre kräktes ohyggligt. Lindberg, som JP egentligen skulle dela bädd med, somnade på golvet så han slapp honom i sängen.

På morgonen steg han upp och klädde sig och gick ned från eländet i rummet, där gästgivarens flickor fick göra rent och snygga upp deras kläder. Under dagen var de mycket ångerfulla och gav många eder på, att det var det största spektakel de varit med om. De ville dessutom att JP skulle skriva ett poem utan att nämna namnen och ha det med till nästa tumning. Det lovade han och gjorde. Under rubriken "*Tappre mäns bedrifter i Nordens sagoland*". Poemet bestod av 9 verser, men här finns endast första och sista versen:

Ett äventyr berättas. Var god och lyssna på
Det handlar om tre hjältar och en, som dem besåg.
På timmertumningsresa det hände sig en gång
En mycket god anledning till en utlovad sång.

Allt vad som här står tecknat är skrivet av en han.
Som denna korta glädje besåg till sista man.
Som även tog till minnes, vad här i fråga var.
Men vad som ej bör nämnas, förbliver hemligt kvar.

"*Liden och Kläpp i februari 1874. J.P. Sjödin*"

---

[33] *Jungfru är ett gammalt svenskt rymdmått = 1/4 kvarter = 1/16 stop = 1/32 kanna = 8,2 cl.*

Figur 43 Sjödins hem i Kläpp från boken Vår släkt av JP Sjödin

Det här året började JP fundera på framtiden, om han skulle sälja Kläpp och köpa ett annat och lägligare ställe. Han funderade på att utöka ladugårdsbesättningen och gjorde ritningar för nya och förbättrade byggnader. Det var mycket som gick genom huvudet på JP vid årsskiftet 1873–1874.

*

Så fortsatte vandringen in på 1874, som överraskade med mycket goda tider. Det blev en blid och gynnsam vinter för avverkningar, men så blev förhållandena därefter. Säljarna fick aldrig nog för timret och priserna höjdes för varje månad och körpriserna följde naturligtvis med. Det avverkades mycket timmer i ådalar runt Ångermanälven denna vinter och hemman och skogsskifte byttes som när man byter hästar. Det förtjänades bra med pengar denna vinter, men intet är dock så gott att det ej har något ont med sig. JP övertog även godemanstjänsten vid skiftesverket efter sin far, men då JP hade lite för mycket annat tjänstgjorde fadern i hans ställe många år därefter.

För övrigt så nöjde sig Jonas Sjödin några år med dagligt allehanda som vedhuggning och annat smått, men åren 1874–1875 kom han sig i skogsaffärer tillsammans med grosshandlaren Matias Holmberg i Härnösand, som också var delägare i första Sprängsvikens Aktiebolag. Vad de köpte avverkades även och timret såldes till nämnda bolag och de trodde att de tillsammans tjänade omkring 3,000 kronor. Senare kom bolaget i ekonomiska bekymmer med konkurs och realiseringar, då även Holmberg personligen genom borgensförbindelser till bolaget började komma i besvärligheter.

Genom grosshandlaren C.L. Carleson som inbjudare bildades ett nytt bolag som inköpte det gamla med såväl sågen som skogarna. Genom köpet hade bolaget därigenom även fått en avverkningsrätt i Ådals-Liden och Krånge, där skogavverkningstiden i det närmaste var utgången, varför avverkning måste vidtagas under åren 1876–1877. Eftersom inga egentliga tjänstemän var tillsatta i nya bolaget, hade Holmberg och Carlesson beslutat anlita Jonas Sjödin att avverka skogen. På hösten 1876 skrev då Holmberg till Sjödin med anhållan om att han ville vara snäll och sköta om avverkningen, samtidigt som han bifogade en fullmakt och 1,000 kronor som förskott. Av den anledning satte Jonas i gång med avverkningen och allt började gå på normalt sätt, till omkring Pålsmässomarknaden 1877, då Holmberg måste träda i konkurs. I bouppteckningen upptäcktes då att Sjödin i Holmbergs konkursmassa var skyldig 1,000 kronor, som godemännen skyndsamt begärde av Jonas, fast han hade betalt detta till arbetarna. Dessutom hade de arbetat för minst 1,000 till och detta belopp begärde arbetarna att få av Sjödin. Detta blev för mycket på en gång för Jonas, som då var omkring 65 år och fruktade att han skulle tvingas betala beloppet och sedan i konkursmassan bevaka alla sina fordringar som inte fanns noterade. Av denna anledning gick Jonas till sin son JP och beklagade sig över tillställningen och sonen tröstade honom och trodde inte att utsikterna var så mörka.

Efter att JP studerat alla handlingar uppsatte de en moträkning som, jämte avskrift av Holmbergs anhållan om avverkningen, skickades som rekommenderat brev. Samtidigt skrev Jonas att det numera kändes honom tungt att vara i affärer och bad dem efter rättfinnande vara av

Figur 44 Jonas Göransson Sjödin och hans hustru Lena Brita Jakobsdotter. Foto från boken Vår släkt av JP Sjödin

den godheten att han från den dagen skulle vara befriad från vidare handläggning med avverkningen, men att han vidtalat sin son att fullfölja avverkningen. Eftersom JP redan då började vara känd bland affärsmännen mötte detta inga hinder och kontroller i bokföringen var helt enligt vad Sjödin hade skrivit. Fordran på Jonas var därmed borta och i stället fick JP en fullmakt för fortsatt avverkning, samt de 1,000 kronor man begärt som ersättning. Under de svåra vinterförhållanden som rådde 1877 blev avverkningen väldigt besvärlig men genomfördes. Efter dessa besvärligheter var Jonas Sjödin glad att för alltid sluta med affärer.

KAPITEL 14

NYA TIDER

Året 1874 ägnade JP hela sin tid åt Erikssons göromål. Jämte avverkningarna på hans egna skogar avverkade han tre mindre skiften, som han köpt åt honom. Eriksson förtjänade stora pengar detta år på sina skogar, och han var mycket tacksam för JP:s arbete.

Under denna vinter framkördes timmer till en ladugård på JP:s hemman och därefter kom som vanligt vår- och sommargöromålen. Under sommaren revs de vinterbonade uthusen och det byggdes ett stort uthus med dyrbar grund. Det fordrades mycket sprängningsarbete, som räckte en månads tid, då man på den tiden inte hade något annat sprängämne än krut. Grunden lades så, att de skulle kunna använda förutvarande ladugård till stall och det gamla stallet till fårhus och ny ladugård med fodervindar, allt under samma tak.

Under sommaren gjorde JP och hans hustru Maria Dorotea en lustresa till Stockholm. Han hade då under tio år av hans bästa ålder icke varit längre än till Sollefteå. Då han på hösten detta år fått ladugårdsbyggnaden färdig och flyttat in boskapen, var han skuldfri bonde med ny gård och ordentligt bohag, samt ordnat jordbruk med 450 tunnland stor och växtkraftig skog. Dessutom ägde han en sjättedel av Fransåsen med omkring 300 tunnland eller tillsammans 750 tunnland skogsmark. Om JP då hade varit tillfredsställd skulle han fått leva ett bekymmersfritt liv, men han var orolig. Det hade under sommaren varit någorlunda gått år, men det blev samma regnhöst som föregående år, därför började han bli orolig och tänkte vid lämpligt tillfälle sälja och i stället köpa något annat.

Kommande år – 1875 - började på samma sätt som föregående. Det var egentligen endast för Erikssons räkning JP arbetade i skogarna. Under senare delen av vintern kom det till hans kännedom, att ett sterbhus i Lidgatu på våren skulle försälja sitt hemman på auktion. Då vaknade affärslusten ånyo, och JP beslöt sig för att köpa detta. Han sålde då båda hemmansdelarna i Kläpp och andelen i Fransåsen och fick enligt eget tycke bra betalt, men på auktionen av hemmanet i Lidgatu blev det så stor tävlan, att det nyförvärvade hemmanet blev tvåtusen kronor dyrare än det han sålt och dessutom var det nyförvärvade hemmanet förfallet på alla möjliga sätt.

Hemmanet i Lidgatu med beteckningen E (litt. 2.2) hade gått i arv från mitten av 1700-talet då hela hemmanet med beteckningen B (litt. 2) ägdes av Erik Andersson (1707–1786). Han och hans första hustru, Elisabeth Hauffman (1717–1747), fick två barn, där sonen Erik (1746–1827) övertog hemmanet och gifte sig med Anna Andersdotter (1746–1802) från Moflo i Ådalsliden. År 1811 delades hemmanet mellan Eriks två söner Pehr (1777–1861) och Henrik (1786–1853). Per bosatte sig på hemmanet B (litt. 2.1) och Henrik på hemmanet E (litt. 2.2). Henrik gifte sig 1809 med Dordi Hansdotter (1782–1828) från Rösta, Resele. Deras son Erik (1819–1878) övertog så småningom hemmanet och han gifte sig 1843 med Johanna Lidblom (1826–1904), dvs dottern till Zackarias Lidblom från hemmanet A (litt. 1). När Johannas föräldrahem, dvs hemmanet A i Lidgatu, blev till salu 1857 köpte Erik Lidén

171

detta och sålde samtidigt sitt hemman till Magnus Peter Severinsson från Resele med hustrun Stina Greta Larsdotter.

Hela familjen Severinsson drabbades av lungsot och inom två års tid (1873–1875) dog föräldrarna och fem av barnen. Två av sönerna överlevde och försökte sköta hemmanet, men misslyckats. Därför var hela gården nedruttnad och taklös. Detsamma var förhållandet med höladan, sädeshässjor, hagar och hela jordbruket i övrigt. Hela skogsmarken bestod av omkring 300 tunnland och 250 av dessa var betydligt avverkade, men det fanns omkring 50 tunnland i Fängsjön, som medföljde hemmansköpet, och som bestod av mycket vacker skog. Det som drev JP till denna huvudlösa affär var, att det var fördelaktigare läge för gården, att inägorna var bättre och att det fanns vägar.

JP hade ju dessutom flera anknytning till Lidgatu eftersom hans mor (Lena Brita Jakobsdotter) var född på hemmanet Lidgatu D (litt. 4) och nu brukades det hemmanet av hennes bror Hans Jakobsson Lidholm. Dessutom var ju JP:s hustru född på hemmanet Lidgatu B (litt. 2.1) som nu brukades av hennes bror Nils Anders. Hustrun Maria Dorotea hade dessutom ytterligare sju syskon som samtliga var bosatta inom

Figur 45 Ungefärliga gränser för JP Sjödins hemman i Lidgatu

Ådals-Liden, förutom systern Anna Helena som efter giftermålet med Anders Petter Strandlund emigrerat till Amerika.

Det blev då så mycket göra med gården för att få något husrum för vintern, att JP inte kunde ha andra affärer än Erikssons skogar, men även det arbetet började lida mot slutet. Eriksson dog i december 1875 och i januari 1876 blev JP, av utredningsmannen skeppsredaren Emil Sandelin i Sundsvall, kallad att på bestämd dag infinna sig i Sunnansjö och Holms socken för att övervara bouppteckningen efter Eriksson. Samtidigt skulle han överlämna alla räkenskaper över deras mellanhavande. När han kom till Sunnansjö blev han väl mottagen av såväl Emil Sandelin som av Fru Eriksson och dottern Fröken Augusta och han gästade där i tre dagar. JP:s redovisning, som Sandelin godkände och undertecknade med sin namnteckning, innebar att JP tjänade 600 kronor. Senare redovisade han i flera år till Sandelin utan någon anmärkning. Han var en enkel och sympatisk människa som få.

Även vinter 1876 skötte JP endast om Erikssons avverkning, samt en utstämpling som de erhållit på nybygget Rävelåsen, vilket han skötte åt byamännen. Det var inte ett så lyckat köp med besvärlig mark och besvärliga byamän och JP var mycket ångerköpt över att ha dragit in Erikssons sterbhus i denna trassliga affär. I övrigt var han hemma

Figur 46 Nipan med Pettersborg efter brons tillkomst. Fotot från Länsmuseet Västernorrland

173

största delen av sommaren och drev det mesta möjliga arbete för att få gården och ägorna i skick.

Under året köpte JP, av Leonard Bäckström i Sollefteå, ett hemman beläget i Remsle, inom viket hemman det nuvarande Pettersborg är beläget. Om det på den tiden funnits ringaste förhoppning att en järnbro i en alltför ej avlägsen framtid skulle dragas över forsen, hade han nog bosatt sig där, men hur vackert det än var, såväl vid gården som på nipan, var läget inte tilltalande, då det saknades bro till andra sidan. Därför sålde han hemmanet i befintligt skick till torparen N.A. Söderkvist med en ringa vinst.

Under de båda sista åren hade Sprängsvikens sågverk bytt ägare två gånger. Första gången till This och Noel och andra gången till ett nytt bolag som bildats av C.L. Carlesson med flera. Detta bolag hade inköpt sågverket med en massa skogar och nybyggen. Bolaget hade antagit C.F. Hasselblad till Disponent och J.A. Wallmark som skogsinspektor. Från fjällsjömarknaden fick JP brev från Wallmark, att den nya disponenten och han skulle besöka honom på återresan under förevändning att de ville köpa Eriksson sterbhustimmer för år 1877.

När de kom hade de även med sig hemmansägaren Erik Jönsson och hans hustru från Holaforsen. Det visade sig att de köpt tre fjärdedelar av kronobygget[34] Rävelåsen, där Erikssons sterbhus ägde resterande fjärdedel. För att få skattelösen var de tvungna att skriva om köpeavtalet med Eriksson sterbhus och som ombud kunde JP därför godkänna och skriva under det nya kontraktet. Med detta gjorde de Holaforsens byamän, Sprängsviken aktiebolag och Eriksson sterbhus en

---

[34] Kronohemman var ett hemman som ägdes av kronan. Mer precist syftar ordet på sådan kronojord som brukades av enskild person med åborätt. Innehavaren av ett sådant hemman, kronobonden, var att betrakta som brukare av detsamma. Honom ålåg således nybyggnads- och underhållsskyldighet liksom annan landbo

utomordentlig tjänst och efter den dagen blev det annan fart i bygge och odling. Till och med växtligheten tog fart.

Under vintern, som var ovanligt snörik, åtog JP sig i stället för sin fader en tillfällig avverkning för en konkursmassa i Härnösand på Krånge skog i Liden. På våren var han sysselsatt med timmertumning en lång tid. Förutom Erikssons sterbhustimmer var han även behjälplig att tumma in Inspektor Wallmarks timmer för Sprängsvikens bolag. En resa var de borta omkring 14 dagar och arbetade i genomsnitt 16 timmar på dygnet och hade mycket ojämnt med mathållningen. Deras matställen under resan var Stugsjön, Björnbäck, Grundtjärn, Omsjö, Ottsjön, Jansjön, Rävelåsen och Holaforsen. Väglaget där de färdades, var det sämsta möjliga, dock begagnade de inte skjuts, utan de hade gått och stått i snö och vatten hela tiden.

De kom fram till Jansjön, åt tidig frukost och begav oss i väg till Vigdsjöns västra ände där sterbhusets timmer var beläget och där leverantörerna var samlade. Tumningen tog tid och leverantörerna for sin väg, varför de blev kvar utan mat. Vid sådana tillfällen var Wallmark elak, outtröttlig men envis. Han sade "Värre har jag varit ute för". Natten var de tvungna att tillbringa på tomma bräder i en förfallen koja. Dagen därpå kom körkarlen, norrmannen Per Toresen, och de började villigt arbeta. Tumningen räckte långt fram på morgonen och de var mycket hungriga och trötta. På kvällen gick de en större omväg för att inte bli allt för trötta, men först framemot 8 och 9 på kvällen kom de fram till Rävelåsen. Här fick de god mat och husrum för natten. Detta var pingstafton och det skulle ha varit ett behagligt viloställe om dom inte haft så bråttom.

De sände efter sina körkarlar till pingstdagens morgon klockan 5 för timmertumning på Ladumyrtjärnen. Körkarlarna kom också i god tid, eftersom de hade gått sent på kvällen hemifrån, men de hade festat betydligt i Holaforsen till fram på morgonsidan, så de var ganska glada, ja en var rent av påstruken. Han skulle dessutom visa sig på styva linan,

175

trots att JP bad honom vara försiktig med den enda tumsaxen de hade. Det bar sig inte bättre att han hamnade i tjärnen, men då fanns en yngling i närheten och denne sprang efter en lös stock och fick tag i den övermodige, just som huvudet började sjunka under vattenytan. Nu var den morske manen humör med ens borta och han lämnade platsen med förevändningen att få torra kläder, men han kom aldrig tillbaka.

Genom detta missöde blev de betydligt hindrade, men de gick på kvällen fram till Holaforsen för övernattning och tumning dagen därpå. De åt middag tillsammans i Holaforsen och Wallmark reste hem till Junsele och JP reste till sitt hem i Lidgatu. På hemvägen träffade han på Kyrkoherden Sundelin, socknens präst, som bjöd på skjuts. Kyrkoherden som var en varmt lagkristen frågade då om de tummat idag och JP svarade: "*Icke endast i dag utan även i går började vi arbetet kl. 5 på morgonen och fortsatte utan uppehåll så länge, att vi inte kom hem till Holaforsen förrän vid 11-tiden på kvällen.*" Det blev en kort paus, men så sa kyrkoherden: "*Det är väl oförsvarligt att ställa till det så. Funnes det mera kärlek till Gud, borde man kunna ställa det så, att man helgar sabbaten.*" På detta svarade JP: "*Om man bleve ekonomiskt avlönad därmed, skulle även jag gå i kyrkan alla söndagar, men annat är det för mig, som ha inkomsterna från skogsarbete.*" Efter ytterligare någon diskussion medgav Sundelin till sist ". *att man även i nödfall måste draga oxen ur brunnen även på sabbaten.*"

*

Under sommaren 1877 uppförde JP mangårdsbyggnaden och inredde några rum till vinterbostad på deras nya hemman i Lidgatu. Nu började JP inse, att åren gingo och att då den nya gården började bliv beboelig, måste han försöka sig på vidare affärer för att om möjligt öka inkomsterna.

A.O. Callin i Sundmo var ägare till dte så kallade Nässéns hemmanet i Krånge. Callin trivdes dock inte i Krånge, varför han på våren köpt ett annat hemman i Sundmo och betalat 12,000 kronor. Nu ville han sälja Krångehemmanet, som hade minst tre gånger så stor skogsareal, skog och inägor som hemmanet i Sundmo. Callin hade erbjudit hemmanet till Inspektor Johanzon i Näsåker, men eftersom denna visste att Callin var i penningknipa, hade han vid två tillfällen bara erbjudit 10,000 kronor. Det kunde Callin inte acceptera varför han kom till JP, som svarade att han kunde köpa, men att det i så fall skulle ske under stränga betalningsvillkor. Callin svarade att han behövde 2,000 kontant och att de kunde enas om resterande betalning.

JP gick till Krånge en höstafton och tog skjuts till Sundmo. Efter övernattning fick han tillfälle att se Krånge skogskarta, som utvisade mycket större skogsareal, än han beräknat det skulle vara. Därför köpte han hemmanet och betalade 12,000 kronor. Senare på hösten under förjulsvintern köpte han även ett skogsskifte av hemmansägaren E.P. Lidström i Jansjön på en tid av tio år med rätt att avverka all befintlig skog mot en köpesumma av 18,000 kronor. Slutlikviden för detta skulle betalas på höstmarknaden 1878, vilket JP ansåg vara goda betalningsvillkor.

Efter dessa affärer började det spridas rykten om honom och hans så kallade dåliga affärer. Tyvärr var det främst av hans, så kallade, vänner den ena i Näsåker och den andre i Kläpp som spred dessa rykten. Även Inspektor Johanzon trodde ryktena var sanna, men han försökte då att erbjuda JP arbete, vilket han avvisade.

1878 blev ett mycket gått år för årsväxten och ännu mera för trävarumarknaden. Det blev lite snö och en blid vinter. Eftersom JP före jul varit i underhandlingar med hemmansägaren J.A. Lidbaum i Lidgatu att köpa hans hemman, avslutades detta köp strax på nyåret. Han köpte det med en andel i Jansjön för 16,000 konor. JP köpte det genom att överta alla hans skulder, som han kunde erinra sig icke kunde överstiga 10,000 kronor, men när köpet blev klart visade det sig att skulderna översteg 13,000 kronor. JP blev ganska hårt ansatt, men han klarade sig ännu en gång och inom ett år var skulden betald. Resten av betalningen till Lidbaum skulle få innestå i flera år och erläggas efter godtycke.

När inspektor Wallmark reste till Pålsmässomarknaden tog han in hos familjen Sjödin och då omtalade JP för honom att han förberedde en avverkning på 20,000 timmer som han ämnade sälja till honom på marknaden. De skrev sedan ett kontrakt, som även innehöll ett vite, det vill säga att vitet skulle vara 50 öre per stock som man inte levererade. Nu hade JP grov och vacker skog och för det mesta gott läge och korta vägar, så att han redan före uppbörden hade många tusen stockar framkörda och intummade. Både för skogen från Jansjöskogen och från de två skiftena i Resele fick han dessutom beröm.

Under dessa år hade JP även en kollega i Liden vid namn Sjödén. Även han köpte skogar och sålde timmer, men han hade inget ordningssinne varken för hemmet eller i affärer, fast han var skicklig i att dölja det. Nu började Sjödéns affärer gå tillbaka och även om det höll ihop för honom på höstsidan så begärdes han i konkurs.

— *Resele ångbåtsbolag.* Från Resele skrifves till Western. Alleh., att bolagsstämma med nämnda bolag hölls å Rödsta gästgifvaregård den 28 februari under hr Gr. Petter Jonsons i Myre ordförandeskap. Till styrelsedamöter återvaldes hr P. Engman och nyvaldes hrr E. P. Persson i Höfwen och Joh. Sjödin i Skedom med hrr J. P. Sjödin i Lidgatu och A. G. Lalander i Rödsta till suppleanter. Till revisorer utsågos hrr Gr. Petter Jonsson och J. P. Bodin med hr Nils Erik Strandlund såsom suppleant.

Figur 47 Utdrag från Hernösandsposten 9 mars 1878

178

JP avverkade mycket timmer i alla skogar han hade och det blev till och med överavverkning på drygt 3,000 stockar. Allt han avverkade såldes till otroliga summor och han betalade många skulder, men ändå var man säker på sin sak och dömde honom till skoningslös undergång. En gubbe hade sagt till JP:s far: "*att huru styv JP än vore som beräknare, måste han i alla fall gå under för alla sina skulder.*" Även en moster, som var ganska rättfram, trodde att JP skulle bli ruinerad eftersom hon hört det av Palien. JP svarade dem bägge att han visserligen hade skulder, men att de var obetydliga i förhållandet till tillgångarna.

Det fanns en holländsk inspektor vid namn Veen på Sandviken. Denne var svåger till Folkskolläraren Frisendahl i Näsåker och sannolikt på grund av språksvårigheter hade han förväxlat Sjödin med Sjödén och omtalat att JP Sjödin var skyldig bolaget 5,000 kronor, som han inte kunde betala. Olof Nilsson i Jansjön, som var far till E.P. Lidström, kom också för att höra hur JP skulle betala de 8,000 kronor han var skyldig hans son. När JP omtalade att han skulle betala på höstmarknaden, sa han "*Enligt vad jag hört från säker håll, är du i konkurs innan höstmarknaden. Vad skall du då betala med?*" JP frågade vem som sagt det och han svarade att det var skolläraren Frisendahl, som sagt att hans svåger Veen sagt det till honom och han fått veta det på Sprängsvikens kontor. Dessa felaktiga rykten föranledde JP att göra upp med Sjödén, så att han fick säkerhet för sin fordran på honom.

Redan tidigt på hösten 1878 började priserna på timret att falla och köplusten att avta och det hände, att flera, som ej sålt sin avverkning i avvaktan på att få högre priser, måste vara glada på vårsidan för att få sälja utan att fråga efter pris. När alla kom till höstmarknaden sattes det i fråga om JP:s överavverkning på tre tusen stockar. När de diskuterat färdigt förstod disponenten varför det skett och det fick bli som det var uträknat. JP hade då omkring 20,000 kronor att fordra, vilket han fick kontant och han erhöll beröm över att han inte ansatt dem för att få

179

pengar. Däremot så var det med ens omöjligt att göra några affärer denna höstmarknad för kommande år, eftersom alla brädgårdar voro fulla och det inte fanns några köpare.

När Versteeghs timmerhandlare N.O. Sjödén i Rå begärdes i konkurs blev handlaren Per Ekman i Näsåker och JP såväl godemän som sysslomän i konkursen. Något år senare dog Engman och det tillsattes ingen syssloman efter honom, utan JP utredde hela konkursen utan hjälp. Det blev många utredning i den konkursen, liksom rättegångar som vanns och förlorades. Det bevakades, efterbevakades, inräknades för omkring 90 fordringar med anmärkningar och det tog flera år att reda ut allt detta.

En av de sista affärerna som Sjödén gjorde var att köpa sterbhuset efter hemmansägaren Erik Persson i Rå för omkring 13,000 kronor. Som borgensmän fanns hemmansägarna Anders Persson och Johannes Nord i Höven. Under hösten kom Sjödén och ville avverka skogen i det hemmanet och eftersom JP var förmyndare i sterbhuset skulle han godkänna det, vilket han dumt nog gjorde. Löftet var att Sjödén skulle använda pengarna för avverkningen för att betala köpesumman. JP fick inte ett öre, utan Sjödén sålde hela avverkningen till Sandviken där han dessutom blev skyldig 5,000 kronor. Vart pengarna tog vägen vet ingen. Nu kom änkan till Erik Persson till JP för att få revers på sin andel, då han var innehavare av fordringsbeviset. Detta ansåg JP sig skyldig att göra och utfärdade en revers på 4,000 kronor jämte ränta.

Efter konkursen för Sjödén var JP tvungen att bevaka fordringarna som alltsammans uppgick till 15,000 kronor. Han lagsökte borgensmännen Persson och Nord, men den lagsökningen förklarades vilande tills konkursen avslutats. Anders Persson och Nord spred då ut ett rykte, att JP hade skrivit borgensförbindelsen så ofullständigt, att han inte skulle få ut något av dem. Sanningen var nästan så, dvs det fanns en formulering som inte var helt korrekt skrivet ur laglig synvinkel.

Så var affärerna sommaren 1879, då den allmänna misstron på grund av krisen var mest påfrestande. Konkursen såg ut att bli långvarig och påverkade även fadern Jonas Sjödin, som av misstro kom att påverka JP:s skuld till änkan i Rå, som i sin tur hade skuld till Friesendahl, som Jonas hade fordran på. JP hade dock sex månader på sig att betala denna revers på 2,000 kronor, vilket han även gjorde. Det är kanske inte så underligt, att han under dessa förhållanden och svåra tider kände sig tryckt, fastän han hade det goda medvetandet, att han var god för 50,000 kronor över skulderna, men detta sade han inte till någon.

Sommaren 1878 började Olov Nilsson i Jansjön för sin son Nils Olov underhandla med JP om ett byte. Han ville byta till sig före detta Lidholms hemman i Lidgatu mot viss skogsmark i Jansjön. JP hade köpt detta hemman för barnens del, men efter att ha försökt att ha två hemman tyckte han att det var besvärligt, varför han lyssnade till anbudet. Den 6 juli gick JP till Jansjön för att se på de erbjudna skogsmarkerna. Då han tyckte bytet tilltalade honom, gick han fram till Jansjön, för att stanna där under natten och underhandla om bytet.

Vid första försöket strandade uppgörelsen, men en tid efter höstmarknaden och efter det JP betalt hans son, E.P. Lidström, skulden på 8,000 kronor, kom Olov Nilsson och hans son Nils Olof åter för att göra ett nytt försök med bytet. I stället för att de skulle ha 1,000 kronor emellan från första budet, ville JP nu ha 1,000 kronor. Sonen var inte nöjd, men fadern accepterade och affären gjordes på JP:s villkor.

Nu var JP ägare av mycket skog i Jansjön. Han hade kvar betydligt med skog på E.P. Lidströms skifte, vidare N.O. Olofssons skog och Lidholms Jansjö-skog. All denna skog var värd betydligt mer än vad han betalt, men ändå klandrades han för sina dåraktiga affärer.

*

Det var några år kvar på Erikssons skogar i Fransåsen, men det var svårt att sälja timret vintern 1878, varför det blev avverkning endast i mindre skala. Under 1879 års vinter fanns det ingen möjlighet att ens försöka.

Då det på hösten 1878 var mycket svårt för skogsarbetare, kom en del till JP och begärde att få arbeta. Han sa, att han inte kunde betala dem så lite som behövdes, om det skulle bli någon ersättning för skogen. Han fick då av flera svaret, att nu var det ej fråga om något pris, utan det var viktigast att få något att göra, ty då blev det i alla fall något. Då det fanns en del förbigångna stockar i skogen fick JP redan från hösten minst 1,000 stockar framkörda av de personer som ändå ville arbeta för en minimilön. Ibland kändes det kusligt, då intet timmer kördes till vattendraget och därför inte blev någon flottning i Vigdån och JP skulle lämna en kronas vite för tre tusen stockar.

JP bad Nils Lidström i Ottsjön inbomma timret, som låg i på Vigdsjön, samt i tysthet tinga karlar i fjällbyarna att vara behjälplig med flottningen så fort Vigdsjön och Frättjärn blev isfria. Så bad han H.P. Sundin vid Rågåsen att sätta rännan i ordning för sågen. Sundin med åtta Lo-Rå-torpare skulle ta emot timret, så fort det kom över Vigdsjön och så brakade flottningen lös i en kraftig vårflod med god vind över Vigdsjön, så att på 3–4 dagar var timret framme. Till alla andra fördelar kom, att arbetarna denna vår var så vänliga och arbetsamma, varigenom kostnaderna för flottningen blev ovanligt små.

Genom detta företag fick JP även detta år betydlig behållning, fastän affärerna i allmänhet låg nere. Samma höst blev det en mycket svår kris och många hemman och skogar såldes bort till låga priser. Då hade det varit lönande att köpa hemman och skogar om man bara haft pengar.

På höstmarknaden sistlidna höst hade det börjat bli efterfrågan på timmer, fastän de utsatta priserna var låga. Då JP ville komma ifrån sina skulder och hade vacker skog, började han på förjulsvintern starta en betydande avverkning i Jansjön, men inte heller det året blev det någon allmän flottning i Vigdån, men JP beslöt sig för att själv flotta timret. Tack vare Inspektor Lidbom från Ramsele, som köpt ett skogsskifte i Jansjön och avverkat 9–10,000 stockar fick de tillsammans omkring 30,000 stockar att flotta. Eftersom stockarna fastnade i dybottnen sa JP till Rå byamän att han skulle stänga Vigdsjödammen under två dagar. De grälade offentligt på honom och sade att han inte dugde någonting till, som inte förstod sig på timmerflottning.

JP stängde trots det Vigdsjödammen, men det dröjde inte många timmar förrän den måste öppnas, eftersom det under natten föll minst 6 tum snö och sedan regnade i nära två dagar. Det kom så

Figur 48 TImmerflottning i Ångermanälven vid Nämforsen 1917. Foto: Bror Erik Hoffman Tjelldén

mycket vatten, att man måste öppna dammen och likväl steg sjön mer än 9 tum, och det blev så mycket vatten, att alla byggnader flöt bort och man behövde bygga nytt. Timret släpptes inte som vanligt, utan det bröt sig fram med svindlande fart, så att det nedflottades från Vigdsjön till Ångermanälven på 3–4 dagar, vilket gjorde att timret kom ner i älven på aftonen 26 maj. Datumet kom JP ihåg mycket lätt eftersom det var

183

samma datum som postmordet i Junsele[35] utfördes. Det var till och med så att det morgonen därpå kom en lista från länsman Kalin på flera misstänkta personer, som alla varit med i flottningen. Ingen av dem var dock inblandade i mordet.

Genom det höga vattenståndet och den raska flottningen kunde det inte bli någon strandskadeersättning, eftersom vattnet hade övertäckt alla stränder och för Råsågen fick JP betala ett dygn, dvs 16 kronor. Flottningen gick då utmärkt och kostade bara 24 öre per stock, medan det föregående år gått till 45 öre.

*

JP och borgensmännen Anders Persson och Jonas Nord träffades många gånger på uppbörder, marknader och auktioner. De lät honom ofta förstå att de aldrig skulle betala ett öre för borgen, att det skulle dra ut så länge med konkursen, att även de hunnit göra konkurs. JP svarade alltid, att det var ingenting att bråka om, eftersom det var ställt på framtiden. JP sålde under tiden tre hemman tillhörande konkursboet på offentlig auktion, Det första var före detta E. Perssons, samma hemman som de 1877 hade tecknat borgen för, men nu såldes det ånyo för konkursboet. På detta hemman bjöd Persson och Nord en och annan gång, men det fanns egentligen ingen köplust. För att hjälpa upp köplusten bjöd även JP en och annan gång. Slutligen blev det tyst på hans senaste anbud, som lydde på omkring 5,000 kronor. JP sa då att det icke varit hans mening att lösa hemmanet, utan att han bjudit endast för att hjälpa upp köplusten, men då ropade man: "Låt honom behålla det!". JP visste inte om det var lagligt, men han skrev hemmanet på sig och

---

[35] Onsdag den 26 på morgonen hade postiljonen Sjöqvist blivit rånad 1/2 mil söder om Junsele och mördad. Posten och hästen var borta. Bland posten fanns brev försäkrade för dryga 6,000 kr. En båt har samma natt blivit stulen vid stranden av Ångermanälven. På landstigningsplatsen syntes spår efter skor. En belöning på 500 kronor är utlovad.

senare på borgenärssammanträdet bad han rättens ombudsman, läns-
mannen C.A. Vesterlund, föredra auktionsprotokollet över köpet för bor-
genärerna och dessa godkände köpet och rättens ombudsman gav ho-
nom bevis därpå.

På tinget blev det också godkänt, tack vare borgenärernas till-
styrkande. JP hade nog i hemlighet tänkt att lösa hemmanet och han var
därför mycket belåten med priset. Några månader senare sålde han
hemmanet till Göran Olofsson från Hocksjö i Ramsele och förtjänade
över 1,000 kronor.

På nästa auktion sålde JP två hemman, först gamla Lidfors-
hemmanet, som var mycket värdefullt, vilket man inte hade reda på. Det
visade sig senare att Sjödén bara avverkat smått timmer, medan alla
trodde att skogen var så gott som slutavverkad. Med det andra hemma-
net gick det sämre. Först fanns det inga spekulanter, men man höll upp
med auktionen så att Nils Persson i Grundtjärn, som var inspektor för
Härnösands ångsåg, kom till auktionen. Han var den enda som bjöd och
den affären blev rent sorglig, men JP kunde inte göra annat.

Efter dessa auktioner började konkursen lida mot sitt slut, men
det som kvarstod var det omtalade hypoteket i H.P. Molins hemman i
Ottsjön. JP:s egen fordran på hypoteket var inte mer än 8–900 kronor
och resterande var 1,500 kronor. Detta skulle inte Molin kunna betala för
då hade det blivit konkurs. Vid detta tillfälle hade JP dåligt med tid ef-
tersom han vid årets början blivit vald till ordförande i kommunalnämn-
den, vilket tog både tid och omtanke i anspråk.

Med hjälp av Folkskolläraren Oskar Frisendahl hölls auktion på
hypoteket och då fanns där inga andra spekulanter än H.P. Molin och
J.M. Palin. Palin bjöd 50 kronor och JP bjöd 850 kronor och några fler
bud blevo det inte. Frisendahl sade då *"Då jag icke får något högre an-
bud, slår jag bort den på Sjödin."* Klubban föll och auktionen var slut.

185

När Molin kom till Lidgatu morgonen därpå fick JP förklara för honom att det var han, som var både säljare och köpare. JP lovade honom att Molin skulle återfå handlingen till det pris JP gett. Molin återkom senare under dagen, gjorde upp och återfick handlingen, befriad från vidare krav.

Genom offentlig auktion, som förrättas i Lidens sockenstuga den 26:te i denna månad kl. 5 e. m. försäljes med en månads betalningsanstånd för godkände köpare en transporterad köpeafhandling, upprättad emellan f. d. Hemmansegaren Nils Olof Sjödin i Rå och Hans Peter Molin i Ottsjön rörande köp af hemmanet № 1 3⅔ seland i Ottsjö by, Lidens socken, utvisande resterande köpeskillingsbelopp kronor 1,851 52 öre utom ränta, hvilken N. O. Sjödin enligt afhandling af den 7:de Januari 1878 öfverlemnat till Faktoren Jon. Peter Sjödin i Lidgatu såsom hypotek för en fordran, stor 3,899 kronor hvarå afbetalts 3,248 kronor 48 öre.

Liden den 10 Juni 1880.

Efter anmodan

1420 *Oskar Frisendahl.*

Figur 49 Härnösandsposten 12 juni 1880

Därmed var konkursen klar och efter stort arbete med uträkning stod det klart att utdelningen blev 12,47 % och utdelningssumman var endast omkring 14,000 kronor. Rättens ombudsman sammankallade borgenärerna för att granska utdelningsförslaget, vilket till alla delar godkändes av borgenärerna. Efter detta utslag sändes den vilande lagsökningen på Anders Persson och Jonas Nord, vilka klagade hos hovrätten, som mot vanan fort nog fastställde domen och tilldömde JP kostnaderna.

Nu trodde JP att de skulle betala med detsamma men han fick nästan tvinga länsman Vesterlund att fara dit och panta. På fastställd pantningsdag kom länsman Borin med biträde och hämtade JP för att faran dit. Det visade sig att båda gäldenärerna samma morgon givit sig i väg till Sollefteå och Anders Perssons hustru visade sig mycket ovänlig. De arbetade så gott de kunde, men innan de var helt klara beslöt de att även gå till Nord. Nu var Persson och Nord svågrar, varför man väntade sig samma mottagande hos systern, men så blev inte fallet. Nords hustru bjöd dem på kaffe med dopp så att länsmannen blev på något bättre humör. Hos Nord pantades inte så mycket som hos Perssons och de sade att de skulle fortsätta på måndagen. Detta var på lördagen.

När man återkom på måndagen kom även Anders Persson, Jonas Nord och deras gemensamma svärfader, E.O. Persson. Den sistnämnde frågade JP om han ville pruta något så skulle han hjälpa till att betala skulden. Nu var denne en gråhårig hedersman, som talade så för sina slarviga mågar, så att alla hade tårfyllda ögon. Han sade att han ville pruta 1,500 kronor för att kunna betala resterande utan pantning och auktioner.

JP hade full ränta på kravet hela tiden och den hade betydligt överstigit 1,000 kronor, vilket innebar att hela skulden nu var mellan 11 och 12 tusen kronor. Till dags dato hade JP inte förlorat ett öre på Sjödén och hans konkursmassa, men nu stod han inför förödmjukelsen att förlora 1,500 kronor. Till och med länsman Vesterlund bad honom, att om möjligt befria honom från vidare pantning, medan Borin satt och småflinade. Det blev för JP så stor påfrestning, att han svettades, men till sist gick han med på affären bara för att glädja den gemensamma svärfader E.O. Persson och hans kärlek till sina utspårade mågar.

Nu fick JP en revers av Anders Persson, som undertecknades av E.O. Persson som borgenär. Nord hade inte sålt sitt hemman, utan han hade hela tiden tänkt göra rätt för sig. De löste sina mellanhavande på så sätt att Sprängsvikens aktiebolag skulle köpa hans andel i Alnöhemmanet och att JP:s fordran först skulle gottgöras av köpesumman, vilket även skedde. På detta sätt förlorade JP eller bortskänkte han 1,500 kronor och därmed var denna långa och trassliga härva utredd.

*

Arbetet med kronobygget Rävelåsen blev både besvärligt och komplicerat. I december 1876 var det Sprängvikens aktiebolag till ¾ och Erikssons sterbhus till ¼ som skulle genomdriva skattelösen på kortast möjliga tid. Nu var det inte lätt att få någon odling att fungera och man fortsatte år från år och använde både konstgödning och naturlig gödsel, men växtligheten var mycket svag och i synnerhet under torra somrar. De odlade mer än som var föreskrivit och de byggde mer. Bland annat uppsatte de en foderlada som var större än föreskrivet och allt ställdes i ordning för skattelösen och syneförrättningen. Detta skulle ske på hösten, men tidigt på sommaren visade sig att grödan skulle bli undermålig på grund av svår torka.

Inspektor Wallmark tog med sig landbonden och försökte ordna så att allting såg större ut än det var. Dom klädde ladans innerväggar med hö och satte en hage ungefär en meter innanför dörren innan de fyllde dörröppningen så att man inte kunde komma in. Detta kunde man göra därför landbonden och Holaforsens byamän var lika angelägna att få stället skattelöst. Allt var sålunda klart och man fick en fin skattesyn, utan att tjänstemännen gjort sig skyldiga till någon försumlighet. Antagligen var detta på hösten 1880.

Hösten 1879 erhöll JP en skrivelse från en för honom obekant person som hette S.E.A. Haglund, med föreläggande att ange hur många avverkningsbara träd, som funnits på Eriksson skogar, deras avverkningsläge och kostnader, samt beräkning av nettovinsten för avverkningen. Haglund blev komminister i Holm, när förre komministern Emil Sandelin hade slutat, och han hade tydligen gift sig mer E.P. Erikssons änka. När detta blev klarlagt och efter skrivelser fram och tillbaka där han klandrade allting gav JP honom hårda svar, vilket resulterade i att han sa att JP missförstått honom.

En dag träffade JP Oskar Frisendahl, som omtalade att han varit skolkamrat med Haglund och att denne varit den sniknaste skolpojke som någonsin funnits vid läroverket och att det till och med gått så långt att det varit ifrågasatt att han skulle regleras från skolan. Till sist kunde JP inte hålla tillbaka utan skrev till Haglund: "Jag har försökt, så långt mitt tålamod räckt, att hålla ut och har så tänkt göra de år som återstår, men jag märker att Haglund är så konstig, att han icke fattar skillnaden på att avverka orörd skog och att efteravverka, då man träffar på ett förbigående träd här och där, då blir det slut på tålamodet." Han svarade då att JP missförstått honom och det endast varit hans mening att komma och hälsa på. Han kom aldrig och lika bra var det.

Denne S.E.A. Haglund var en mycket orättfärdig man och han bedrog änkan och hela sterbhuset på mycket pengar. När han ställt till allt möjlig oreda, avsade han sig det prästerliga ämbetet och flyttade till Stockholm, och det berättas därifrån, att han hade skaffat sig en ung och skön kvinna, som han infört i familjen och att hans hustru vistades där som en främmande kvinna.

JP hade lovat Eriksson att slutavverka skogarna i Liden, vilket han även fullgjorde, fast det tog lång tid. Han började på hösten 1871 och slutade på våren 1890.

Vid denna tid, dvs i slutet av 1870-talet och början av 1880-talet, hade JP uppnått en ålder av 41 år. Familjen hade utökats, förutom tidigare nämnda Petter och John, med Märta Helena född 9 januari

1873, Georg född 29 december 1875, Oskar 11 april 1878 och Teresia Maria född 20 juli 1880.

JP:s äldre bror Hans Jakob och hans hustru Christina utökade sin barnaskara med Beda Christina som föddes den15 januari 1874 och med dottern Greta Maria som föddes13 februari 1875. Under sommaren 1878 sålde även Hans Jakob sin del av hemmanet i Kläpp och köpte ett nytt hemman i Öhn inom Eds socken. Det gamla hemmanet i Kläpp som ursprungligen innehades av Jonas Sjödin såldes nu till Johan Fredrik Sjöberg med hustru Katarina Kristina. Vid försäljningen ingick även födorådsavtalet med Jonas Sjödin och hans hustru Lena Brita, som blev kvar på hemmanet.

JP:s yngre bror Nils Johan och hans hustru Andrietta Helena fick en dotter den 22 juli 1873 som de döpte till Emma Helena. Paret fick även Karl Oskar den 4 juli 1876 men han dog efter 2 dagar. Dottern Karolina föddes den 27 januari 1878 och dottern Andrietta 17 mars 1879. Ytterligare ett barn, nämligen dottern Christina som föddes 8 april 1880 dog efter bara 2 månader. Familjen hade först bosatt sig på det så kallade Nybruket i Kläpp för att senare bosätta sig i Omsjö och 1891 flytta till Jansjö.

Eftersom JP betraktade tidpunkten som en milstolpe i sitt liv och en förhoppning om kommande bättre tider ville han, med siffror, visa sin ekonomiska ställning.

```
TILLGÅNGAR
Hemman och boet              28,000
Fordringar                    3,130
                             14,643
Skogar                       19,370
SUMMA TILLGÅNGAR             65,144

SKULDER
Köpeskulder och reverser     26,608
Förskott m.m.                 2,000
SUMMA SKULDER                28,608

NETTO BEHÅLLNING             36,535[36]
```

Lidgatu januari 1880 J.P. Sjödin

---

[36] *Nettobehållningen motsvarar ungefär 2,2 miljoner kronor i 2020 års penningvärde.*

KAPITEL 15
FLYTTNINGAR

Under första delen av 1880-talet hade JP mycket att syssla med. När han nu var ordförande i kommunalnämnden tog den sysselsättningen mycket tid i anspråk. Samtidigt förestod han avverkningen på många ställen och största delen av de skogar, där dessa avverkningar gjordes, köpte han i Liden och ännu mer i Resele. 1882 hade han en betydande flottning i Mångmanån i Resele efter västra delen, dvs från Gråstjärn till Almyran, men den sistnämnda flottningen, under starka motvindar och med en söndrig timmerränna gjorde, att han aldrig mer inlät sig på timmerflottning.

Under en tid av fyra år efter varandra köpte JP tusentals tolfter[37], så kallade bondbräder, varje år för Grosshandlare C.L. Carlesson i

---

[37] *Tolft är en räkneenhet för tolv enheter av samma slag, jfr dussin. An-vändes särskilt för bräder av olika slag, men också för hjulekrar och pi-lar; även för smiden som liar.*

Den svenska trävaruexporten räknades fram till 1864 i tolfter, därefter i kubikfot fram till 1881, därefter i kubikmeter.

Härnösand. All ersättning skedde i form av 50, respektive 35 öre per tolft
och det fungerade väl. Grosshandlare Claesson var en mycket sluten
och otillgänglig man, men genomgående hygglig och rättvis i allt.

*

JP:s far – Jonas Sjödin – hade under 1870-talet tagit det lugnt och inte
sysslat något mer med affärer. Han hjälpte visserligen till lite med jord-
bruket och ägnade sig, tillsammans med sin hustru, åt alla barnbarnen
och försökte, utan att lyckas särskilt bra, att uppfostra dem enligt samma
principer han haft med sina egna barn.

Sommaren 1882 gjorde han en resa till Stockholm. Anled-
ningen till resan var troligen att uppsöka en läkare, eftersom det fanns
ett recept utfärdat av en läkare vid namn Grundén med det årtalet. I hela
sin födorådstid, när han var hemma, högg han sin ved själv om den blev
hemkörd från skogen. På sista tiden gjorde han det mest som tidsfördriv
utan tanke på vad han kunde uträtta. Så hände en dag då han var ute i
en beteshage i vedhuggning att han blev så sjuk och svag att han inte
kände sig stark nog att bära hem yxan utan gömde den i en risbuske.
Efter hemkomsten sa han till sin hustru att han blivit så sjuk att han hade
haft stor möda att ta sig hem och hade lämnat yxan i skogen. Hustrun
sa till honom att det nog skulle bli bättre med när han fått lite mat och
kaffe. Men även därefter fortsatte han att känna sig medtagen. Då sa
hon att det är visst något häftigt rosutbrott som kommit över dig och efter
nattens vila hoppas jag att det blir bättre med dig, men på morgonen sa
han, det är dödsbudet som hemsöker mig och jag kommer aldrig mer ut.
Av den anledningen bad han henne att gå ut i beteshagen och efter be-
skrivning leta fram yxan, som hon även gjorde. På aftonen samma dag
sände han bud efter en son som bodde i närheten och även efter pastor
Frisendahl, eftersom han ville ha nattvard, medan han var redig i

193

tankarna. Pastorn och sonen Hans Jakob kom samtidig, men eftersom han inte syntes så medtagen föreslog båda att sända efter en läkare, men detta avslog han bestämt. Han sa att han endast ville ha nattvard, när han nu var övertygad att hans livstid skulle sluta inom några dagar. *"Jag har levat nog länge och varit glad och nu vill jag i frid och ro få sluta jordevandringen i eget hem."* Han fick även nattvarden och han var så glad och språksam med pastor före och efter akten, att pastor till och med var glad över hans frimodighet.

Jonas Göransson Sjödin dog efter 12 dagars sjukdom den 15 september 1889 i en ålder av 76 år, 1 månad och 2 dagar. Hustrun vårdade honom för det mesta under sjukdomstiden.

Om hans hustru är just ingenting skrivet, men det är inte därmed tänkt att hon var sämre som kvinna än han som man. Orsaken beror mest på att hon hade sin största verksamhet endast inom gården, men Jonas kunde skatta sig lycklig att trotsa fattigdomen med en sådan hustru, därför att hon var så hushållsam, med både vilja och förmåga att arbeta och träla och mest för hennes mjukare sinnelag – hon var allvarligt sinnad – som med måttliga påfrestningar i de flesta fall kunde utjämna hans kantigheter. Längre fram i ålderns dagar var de liktänkande i religiösa förhållanden.

Hustrun levde sedan i många år, ensam i sin boning. Mycket förnöjd med sin lott, drog hon alltid jämt med födorådsgivare. Hon spann, vävde och gjorde kläder, men blev på ålderdomen så givmild mot sina barnbarn att hon knappast ägde nödvändiga gångkläder själv. Hon skötte sig själv tills hon var över 88 år, men då började hon bli barn på nytt och glömsk. Då först kände hon sig belåten att få flytta till Sollefteå till en av sina söner, men när hon till sist började få vatten i benen och emellanåt stora plågor, måste hon läggas in på lasarettet, där döden gjorde slut på hennes plågor. Lena Brita Jakobsdotter dog den 7:e januari 1901 när hon var 88 år, 9 månader och 25 dagar. Stoftet fördes sedan till Ådals-Liden och fick sin sista viloplats vid mannens sida i familjegraven.

Så hvila i välsignelse
I gode trogne tjänare,
Gack i er Herres glädje in
Och lönen för er möda finns

*

Det finns en fjällby i Resele som heter Vitberget och som stöter mot norra gränsen mot Anundsjö sockengräns och som man trodde saknade avverkningsläge till Ångermanälvens ådal, men med utmärkt läge mot Björkådalen. Nu ägde hemmansägaren L.A. Vestin i Rå i Resele en hemmansdel i Vitberget, som han ville att Jonas Petter Sjödin skulle köpa. Vestin hade haft en syster, som tidigare ärvt motsvarande del, men som nu ägdes av hennes dotter. E.J. Nylén, som var ute efter samma område som JP, for till denne dotter och övertalade henne att sälja sin andel med motsvarande köpeavtal som JP skrivit med Vestin. JP fick höra talas om detta och tänkte att han skulle möte Nyléns list med samma list, varför han kontaktade Nylén och erbjöd honom 1,000 kronor om han ville överföra köpet på JP. Det antog Nylén gladeligen, men i stället för att fara hem for JP till Tängsta och till P.E. Tenglén som var far till dottern som sålt till Nylén. Han frågade fadern om han fick skriva om köpehandlingarna i sitt namn för att i så fall betala köpet på förfallodagarna. Säljarna ville hellre ha JP:s namn än Nyléns varför de gick med på förfarandet.

JP åkte nu till Vitberget och kopierade byns skogskarta och räknade ut att arealen var över 400 tunnland orörd skog. JP sände kartan till Patron Görud på Björkå AB och frågade om han ville köpa båda hemmansdelarna för 25,000 kronor. Inte många dagar senare fick JP svaret att de inte var intresserade av att köpa. JP satte då i gång avverkning, stor nog att betala hela köpesumman på 11,000 kronor. Detta innebar väl uttänkta arbeten med bland annat en 600 alnar lång träbro, allt för att största delen av skogen skulle avverkas till Långsjön vid Stugusjön. Troligen hade inte Björkö AB trott detta utan att avverkningen skulle medföra timmerflottning efter Björkån som låg inom Björkös ägor.

När JP for till vintermarknaden 1885 fick han frågan om han inte mot lämplig ersättning var villig att överlåta det hela på bolaget. JP svarade att det kunde han väl göra, men enbart mot en ersättning och att den borde vara 4,000 kronor utöver vad han betalat för avverkningen och för hemmanen. Utan skriftlig överenskommelse gick bolaget med på detta och affären gjordes upp med Wallmark, som var ombud för bolaget. Affären genomfördes så att JP först sålde avverkningsrätten på tio år och sedan hemmansdelarna i ett annat köp. Det var visst olagligt att göra på det sättet, men alla inblandade trodde att det var rätt och det lyckades också. Virket från Vitberget var av mycket god beskaffenhet och troligen tjänade bolaget betydligt på Vitberget.

Sedan familjen flyttat till Lidgatu 1875 och i flera år framåt arbetade JP både med jordbruket och sina skogsaffärer. Oftast gick det alldeles utmärkt med all dessa affärer, men plötsligt så uppstår det oförklarliga motgångar. Eftersom JP egentligen inte hade något större intresse av jordbruk var han inte heller främmande för att hans barn fick en annan inriktning av sina liv. Både han och hans hustru förstod att detta med utbildning var något man skulle komma att behöva, varför de inte var främmande för att låta barnen gå i skola så länge de hade lust.

Under 1884 insjuknade hustrun Maria Dorotea i lungsot. På den tiden var detta en dödlig sjukdom och den 16 november 1884 dog hon endast 35 år gammal. I hemmet fanns då sex barn där den äldste, Petter, var 16 år och den yngsta, Theresia bara 4 år. Hur familjen löste problemet akut framgår inte, men eftersom Maria Doroteas föräldrar

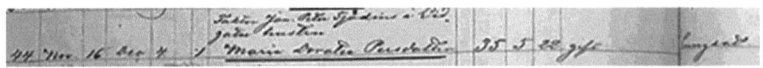

Figur 50 Maria Dorotea Persdotter dog 16 november 1844 i lungsot

levde och bodde som närmaste grannar kan man mycket väl tänka sig att mormor Märta ställde upp och hjälpte till i hemmet under en tid.

JP hade ju samarbete med Inspektor Jöns Wallmark som vid detta tillfälle hade en anställd hushållerska – eller mamsell som det då kallades - med namnet Katarina Lovisa Ritzén. Katarina Lovisa Ritzén var född den 30 augusti 1853 i Lillegård i Junsele socken. Sannolikt var det på det sättet som de lärde känna varandra, men hur och när allt detta hände känner vi inte till, men resultatet blev att de åkte till Stockholm och gifte sig i Maria Magdalenas församling den 31 september 1886.

Redan året därpå, den 28 oktober 1887 utökades familjen med ytterligare en son då Einar föddes. JP och Katarina fick ytterligare ett barn, en dotter då Siri föddes den 23 januari 1890. Visst blev barnen tvungna att arbeta med jordbruket under hela sin uppväxt, men när till exempel John framförde önskemålet om utbildning blev det positiva gensvar. John åkte därför till Kristinehamns praktiska skola 1888 och då han hade gott läshuvud gick han ut med goda betyg i maj 1891. Vi vet också att Oskar gick fackskola vid Härnösands Högre Allmänna läroverk 1891 och det är med stor sannolikhet så att även övriga söner fick bra grundutbildningar. På den tiden var det ju inte så vanligt att flickor fick genomgå högre utbildningar och det finns inte heller något antecknat om detta.

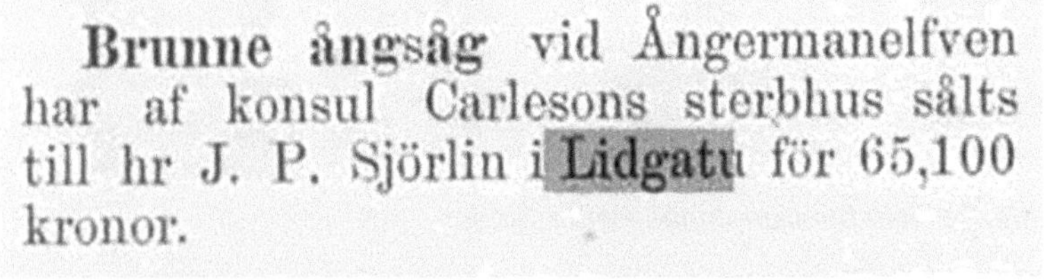

Brunne ångsåg vid Ångermanelfven har af konsul Carlesons sterbhus sålts till hr J. P. Sjörlin i Lidgatu för 65,100 kronor.

Figur 51 Från Örnsköldsviksposten 5 december1890. Felstavat namn skall vara Sjödin

197

Av senare affärer som sysselsatte JP kan nämnas Brunne Ångsåg inom Gudmundrå församling vid Ångermanälven. Sågen anlades 1875 av bröderna Callin, men efter konkurser och ägarbyten övertog C.L. Carleson sågen 1888. Efter hans död köpte JP Sjödin sågen av sterbhuset och tillsammans med släkt och vänner bildades Brunne AB. Tyvärr brann sågen ned till grunden 1900 för att återuppbyggas och säljas till Kramfors AB året därpå. Sågen lades ned 1943 och anläggningen revs.

Figur 52 Hela familjen Jonas Petter Sjödin

KAPITEL 16

BARNBARNEN

I 19 år bodde JP, först tillsammans med Maria Dorotea och senare med Katarina Lovisa, i Lidgatu men 1892 köpte han ett hemman i Eds socken, kallat Öbacka. Året därefter hade de två hemman att sköta och eftersom hemmanet i Ed var mycket förfallet behövde både byggna-

Figur 53 Kartan visar de två hemman i Ed som ägdes av Hans Jakob, respektive Jonas Petter Sjödin.

der och jordbruk renoveras. Skogen ägdes av ett bolag och JP fick krångla och byta på flera sätt, men till slut återgick skogen till hemmanet. 1894 överflyttades hushållet dit och JP sökte efter tidsfördriv och började att skriva verser, vilket senare blev fler och fler.

De äldsta barnen började nu flytta hemifrån, i första hand för att utbilda sig. Exakt vilka utbildningar som sonen Petter genomförde går inte att fastställa, men han bodde kvar i Lidgatu när han gifte sig den 24 juni 1894. Hans hustru var Ida Olivia Lalander, född 1 juli 1872 i Rödsta, Resele. Hon var dotter till Handlaren Anders Gustaf Lalander och Märta Olivia Rosén. Ida var äldst i en syskonskara av nio. Vid giftermålet anges Petter som skogsinspektor och man kan väl anta att det fanns kopplingar mellan Petter och hans far JP. Petter och Ida bodde kvar i Lidgatu tills de flyttade till Sollefteå den 23 november 1903.

Efter att John Sjödin genomgått Kristinehamns praktiska skola 1889 fick han anställning som affärsbiträde hos Jeanssons Jernhandel i Härnösand. Han hyrde ett rum i staden och arbetade där i två år till den 12 september 1891. Han hade vid detta tillfälle redan sökt och fått ett nytt arbete. Den här gången fick han anställning i Carl Forsbergs Jernhandel i Söderhamn. Inte heller här blev han länge utan sökte sig ett nytt arbete hos J. Lidboms Jernkramhandel i Stockholm den 23 juni 1893.

SMEDMANS HANDELSSKOLA,
STOCKHOLM,
Storkyrkobrinken 9, Allm. Tel. 21 11.

Nya elever mottagas alla tider på året. Anmälningstid kl. 9—12.
OBS.! Å bref anhålles om fullständig adress.

Gustaf Smedman.

Figur 54 Broschyr från Smedmans Handelsskola

Under tiden i Stockholm blev han medveten om att han skulle behöva utbilda sig ytterligare. Redan året därpå ansökte han och blev inskriven som elev vid Smedman den äldres Handelsskola. Denna handelsskola var den näst äldsta handelsskolan i Sverige och grundades 1857 av Karl Smedman. Många betydande personer inom bland annat bankvärlden har gått denna skola, som senare flyttade till Norrköping och blev Norrköpings högre handelsinstitut.

Efter att John genomgått denna påbyggnad av sin utbildning fick han anställning som resande hos AB Wilhelm Blomberg i Härnösand. Även detta företag var i järnhandelsbranschen. Precis som fadern och bröderna fanns tankarna hos John att hålla på med affärer eller framför allt att själv få äga och styra sin tillvaro.

Figur 55 Erik Viktor Borin

Dottern Märta Helena bodde till att börja med hos sin bror Petter innan hon gifte sig den 29 december 1904 med Erik Viktor Borin, som var född den 5 augusti 1870 i Ström inom Ådals-Liden. Han arbetade som skogsinspektor och paret flyttade 1904 till Tallsjö inom Fredrika socken i Västerbotten. De fick dottern Elsa, född den 24 februari

Figur 56 Bröllopsfoto John Sjödin och Jenny Högberg

1907 och flyttade 1918 till Norrflärke inom Anundsjö socken i Västernorrland. Tyvärr dog dottern Elsa den 5 mars 1920, endast 13 år gammal i lungsot. Bara två år senare den 11 januari 1922 dog även Erik Viktor Borin i Hjärtförlamning och Märta Helena flyttade till Sollefteå.

Den 15 oktober 1898 blev det ett dubbelbröllop i Härnösand då de två sönerna John och Georg gifte sig med Jenny Henrietta Högberg, respektive Brita Christina Sahlén. Georg och hans hustru Brita Kristina bosatte sig till en början på hans föräldrahem i Öhn i Eds församling för att 1901 flytta till Sollefteå. Georg hade under tiden tagit sin juridiska examen och arbetade med juridisk rådgivning i eget företag. Vid flytten till Sollefteå köpte han fastigheten på Storgatan 37, där familjen bosatte sig och där han även bedrev sin verksamhet. Fastigheten på Storgatan 37, som revs 1967, uppfördes på 1880-talet av hemmansägaren Olle Hed-

lund i Billsta. Huset hade magnifika punschverandor i tre etager, en jättestor matsal med två öppna spisar, en salong, ett kök och flera sovrum utförda för den tiden magnifikt och stilenligt.

Figur 57 Georg Sjödins notstuga vid Edsforsen.
Foto från Sollefteå museum

Förutom sin juridiska verksamhet var Georg inblandad i många affärer tillsammans med sin bror Petter. Han var bland annat delägare i Torsvik Sågverks AB och Forsmoforsens kraftverk. Familjen hade även ett sommarställe vid Nipudden

Paret Georg och Kristina fick år 1900 en son – Per Gustaf – som dog efter bara några månader. Senare fick de även barnen Ture Gustaf född den 30 januari 1901, Svea Maria född den 26 september 1902 och Karl Georg född den 19 mars 1907.

Sonen Ture Gustaf Sjödin som även han blev jurist gifte sig med Barbro Lallerstedt och eftersom de blev barnlösa skänkte de sin villa till Sollefteå och Multrå församlingar och fastigheten tillföll församlingarna 1993. Sommaren 1996 kunde villan invigas efter en omfattande restaurering. Utrymmena består av ett rejält kök och 3 rum. Ett av rummen är större och används som samlingssal. Källarplan finns med gillestuga, garage samt pannrum. Sjödinska villan ligger vid Nipuddsvägen 24 på Remsle. I stiftelseurkunden anges bland annat:

Figur 58 Sjödinska villan

Fastigheten förvaltas av en stiftelse där ledamöterna i styrelsen utses av de två församlingarna. Kyrkoherden i Sollefteå och komministern i Multrå ska vara ordförande vartannat år.

Sonen Oskar Sjödin flyttade redan 1898 från Ed och tog studenten i Härnösand 1900 innan han utbildade sig till tandläkare i Göteborg. Som praktiserande tandläkare flyttade han 1905 till Gävle. I Gävle blev han kvar till 1921 då han flyttade till Sollefteå för att arbeta som militärtandläkare. Oskar gifte sig aldrig och fick inte några barn.

SJÖDIN, OSCAR. Född 11 april 1878 i Adals-Liden, Västernorrlands län. Föräldrar: skogsinspektoren Jonas Petter Sjödin och Maria Dorotea Persson. Student vid Härnösands högre allmänna läroverk 1900. Tandl.-kand. 1901, tandläkare 1904. Assistent i Göteborg 1904—05. Praktik i Gävle 1905—21, i Sollefteå 1921—28, därefter ej praktik. Militärtandläkare vid Västernorrlands regemente 1921—28.

Figur 59 Oscar Sjödin

Jonas Petter och hans hustru Katarina Lovisa kände att arbetet med jordbruk började bli ansträngande när krafterna sattes ned. De beslutades sig därför att flytta till Sollefteå – JP var då 59 år – där de bosatte sig på Storgatan 34 B. Flyttningen skedde 10 november 1898 och med i flyttningen var även de gemensamma barnen Einar och Siri, men även Carl Oskar och Maria Teresia. JP lät bygga denna fastighet och anlitade då arkitekten LN Wahrgren[38] för att rita huset. Huset står fortfarande kvar år 2021, men har nu adressen Storgatan 43 och kallas i folkmun för "Hemslöjdshuset".

I slutet av 1800-talet och början av 1900-talet hände det en hel del på det personliga planet för familjen JP Sjödin. De äldre barnen var färdigutbildade och gifta, de yngre skulle avsluta sin skolgång, samtidigt som alla flyttade omkring. Sollefteå blev ett ställe där flera hamnade för att bosätta sig, medan JP med hustru flyttade till Härnösand.

Ungefär samtidigt som paret flyttade till Härnösand så fyllde Lovisa Katarina 50 år och JP hyllade henne med följande dikt:

---

[38] *Lars Niklas Wahrgren, född 3 augusti 1865 i Härnösand, död 19 juni 1910 i Sollefteå, var en arkitekt verksam i Sollefteå från 1888 till 1910. Han är upphovsmannen till de flesta av de trähus som uppfördes i Sollefteå centrum varav ett tiotal fortfarande består.*

Figur 60 Huset som JP Sjödin lät bygga i Sollefteå. Infällt författaren i porten år 2021. Eget foto.

Levnadstiden hastar
Och gammal blir du snart.
Här hjälper ej att rasta
Och hindra tidens fart.
Vi nödgas alla buga
För den som ropar: "Kom!"
Ifrån palats och stuga
Kan ingen vända om.

Du femtio år har levat
Som flicka och som fru
Och villigt framåt strävat
Mot målet, kära du.
Med mig i sjutton vårar
Du samma bana trått
Fast tidens tand plöjt fåror,
Där vi gemensamt gått.

Jag och barnen önska

Ditt sällskap många år.
Vi skåda skall som grönska
Förvandlingen i ditt hår
Njut hälsa alla tider,
Är vad vi önska dig,
Och medan åren skrida,
Sprid glädje på vår stig.

Förutom att skriva dikter var nog JP en person som i mångt och mycket brydde sig. I första hand gällde det förstås familjen där han gärna gav goda råd till de som behövde utan att för den skull komma med pekpinnar eller förebråelser. Han var vän med alla och även om han ibland kunde uttrycka sig både ilsket och strängt var det välmening bakom hans ord. I alla de förtroendeuppdrag han haft, från sockenordförande till fjärdingsman, så var det alltid engagemang han visade för uppgiften och för att försvara vad han trodde på. Den politiska åsikten var utan partitillhörighet, men han trodde på varje människas värde och förmåga att kunna genomföra det man ville.

När han beslutade sig för att lämna Sollefteå och flytta till Härnösand i november 1903 var det för att Härnösand alltid varit hans ställe på jorden. Dit hade han längtat som barn och dit hade han farit för att gå till sjöss. Nu ville han avsluta sitt liv på jorden i sina drömmars stad. Det innebar inte på något sätt att han hade misstrivts i Sollefteå och som ett tack så skickade han in en tack-dikt till Sollefteå-Bladet som dessutom tillade: *"Från köpingen avflyttar i dagarna Inspektor J.P. Sjödin, som i stället slår ned sina bopålar i Härnösand. För den avflyttade gavs i går afton hans umgängesvänner en liten kollation för ömsesidigt avskedstagande."*

Farväl, lilla köping Sollefteå.
Där fliten ger framgång var dag.
Jag följt din utveckling i femtio år
Och även bidragit ett tag.
Jag önskar dig framgång på alla områden
Med stor industri, regemente, trängkåren,
Att Bruket på lämpliga villkor blir ditt
Med elektrisk belysning och vattnet fritt.

Fem år jag här vistats i sämja och frid,

Och föga jag känner mig glad
Att vänner mista på obestämd tid
För att slå mig ned i en stad . . .
De saknadens toner, som dock störa friden
Är Nämnforsens dån mot klippor i Liden.
Där vill jag en gång efter vandringens lopp
I fädernejorden få invigt mitt stoft.

I samband med denna flytt överlät JP fastigheten i Sollefteå till sin äldsta som Petter. Petter Sjödin var precis som sin far intresserad av skogsbruket och affärer och övertog därför flera av de kontakter som hans far hade skaffat under sina år i Liden och Sollefteå. Ett av hans

livsverk var Lövuddens AB, som var ett trävaruföretag, som grundades 1912. Företaget sysslade inte enbart med trävaruförsäljning utan man hade dessutom ett sågverk, ett hyvleri och en snickerifabrik vid Lövudden i Säbrå socken. Han grundade även Sollefteå trävaru AB och blev även häradsdomare och satt med i flera styrelser främst i Sollefteå. Ett stort engagemang hade han som ordförande i Svenska Handelsbankens lokalkontor, samt i

Figur 61 Petter Sjödin

Sollefteå Syrgasverk. När hans yngre bror John dog 1922 blev han tillsammans med brodern Georg Sjödin förmyndare för Johns omyndiga barn. Ungefär samtidigt blev han även ordförande i AB John Sjödins Järnaffär i Skellefteå. För alla de bedrifter som Petter genomförde fick han Kungliga Patriotiska Sällskapets stora guldmedalj. Syftet med dessa medaljer har varit att belöna personer för en insats som varit av betydelse för landets utveckling. Petter blev även Riddare av Vasaorden.

Figur 62 Pettersborg med sin unika träfasad

En direkt koppling till sin far var när Petter återköpte tomten på berget i Remsle. Delar av detta hemman hade då övertagits av försvaret och Norrlands Trängkår T3 och Petter köpte en gammal officersmäss som han lät riva och av virket byggde han på detta berg sin "borg". Detta hus som då och nu kallas för Pettersborg blev Petters sommarhus dit han ofta bjöd in släkt, vänner och affärsbekanta.

På ålders höst 1958, när han fyllde 90 år skänkte han Pettersborg till Sollefteå kommun som under flera år hade stället som ett av stadens utflyktsmål med den fantastiska utsikten över staden. Under denna tid hade man även sommarservering både i huset och utomhus. För att hedra Petters insatser för staden och för den fantastiska gåvan lät kommunen sätta upp en staty som står på platsen.

Tyvärr uppstod en brand 2004 och huset brann ned till grunden och kommunen ansåg sig inte ha råd att återuppbygga fastigheten. Man kan dock fortfarande besöka området som även nu kallas för

209

Pettersborg och är ett utflyktsmål för Sollefteå-borna. Petter avled den 18 augusti 1965, 97 år gammal.

Figur 63 Petter i samband med invigningen av sin staty

Jonas Petter Sjödin levde sina sista år bosatt i Härnösand tillsammans med sin andra hustru Katarina Lovisa tills hon avled den 18 oktober 1927, 73 år gammal. Under dessa år och fram till sin 80-årsdag var det skrivandet som han framför allt sysslade med. En verklig bedrift var när han på sin 80-årsdag sammanställde sin och vissa av sina förfäders livsöden i en bok tillägnad sina barn. I boken, som han döpt till "Vår släkt, en familjekrönika" skrev han som förord: "Några korta anteckningar om vår släkt under dess vistelse i Helsingland samt första öden i Ångermanland, författade och som gåva överlämnade till mina barn af deras 80-årige fader. J.P. Sjödin, Härnösand den 15 maj 1919."

Denna bok blev ett tidsfördriv som JP fortsatte med ytterligare några år. I en andra del fortsatte han sin berättelse fram till ungefär 1885 och gav ut denna del 1924. Som slutord i boken skrev JP följande:

"Jag har i det föregående antecknat det mesta och det bäst i minnet bevarade händelser som jag genomlevt till år 1885 eller tills jag var 46 år. Sedan har jag endast obetydligt skrivit om mig, men det är därmed inte sagt, att jag under den senare långa tiden uteslutande varit overksam.

Jag har under min levnad sett många hotande livsfaror både på land och vatten, och det är ett Guds under, att jag fått leva och behålla hälsa och redliga tankar till denna dag.

Hur jag har skött mig i umgänget med min nästa, makar, barn och underlydande, har jag icke vidrört, därför att jag icke vill eller anser mig hava rätt att därom yttra mig. Så mycket vill jag dock nämna, att jag icke har någon död eller levande ovän, utan tänker jag det bästa om alla och klandrar endast mig själv, för vad jag felat mot andra. Jag har många gånger haft självförebråelser för att jag antecknat om hädangångna, som jag varit i beröring med och ibland har det kommit för mig, att jag skulle förstöra alltsammans, men likväl har jag nu fullbordat verket. I anledning härav vill jag bedja mina barn, om de vilja skriva något om mig efter skilsmässan, att följa mitt exempel att icke försköna utan att låta gott och ont visa sig i dagsljuset.

Det är nog många besvärligheter, jag upplevt på vandringen och mycket är förfelat av vad jag försökt att uppbygga men ekonomiskt sett och mänskligt att döma, har jag nog mitt dagliga bröd, men med den

andliga spisen har jag skött så illa den långa nådatiden, att det är före-

nat med stora bekymmer att skaffa den näring själen behöver, men hop-

pet finnes ännu kvar att av
nåd hinna målet."

Och världar skola
hava slut,
Och stjärnor skola
slockna ut,
Och himlar störta
med vår jord;
Med dig, som tröstat
på hans ord,
Ej når förgänglighet-
ens svall:
Han lever, och du
leva skall!

Figur 64 Jonas Petter Sjödin avled den 8
juni 1931, 92 år gammal

Härnösand den 15 maj
1921; J.P. Sjödin

*Inspektor J. P. Sjödin
90 år.*

Det läter som en saga att här i staden går en man, som med egna igen bevittnat Garibaldis triumfer vid Italiens frigörelse i mitten av förra århundradet. Men så är det ockå m märklig levnad denne man har sakom ung. F. inspektoren J. P. Sjödin i Härnösand, som i dag uppnår den höga åldern av 90 år och detta med obruten kropps- och själskrafter, har varit med om upplevelser av skilda slag. I ungdomsåren beredde san som sjöman världshaven och han lo många äventyrliga episoder och ander mannaren deltog han i trävarurörelsens genombrott i Ådalen — en tid, som var icke mindre rik på upplevelser. Och det knecke ioke minst märkliga är, att han vid 90 krs ålder i samband med en släktträd-olika sätter sig ned och skriver ned sina skiftande upplevelser, som su en-falta två rätt stora volymer i tryck. Och vid 90 års ålder går han själv och stäkar vid sin gård i Härnösand och reder själv upp den dagliga omsorgen. Det är alltså en kärnkart, som i dag fyller 90 år.

Inspektor Sjödin är född den 15 maj 1839 i Ådalsliden av en gammal odalmannasläkt. Redan mycket tidigt fick han hjälpa till med försörjningen och som det var gott gry i honom bör det icke förvåna att han redan vid 17 års ålder av Ådalslidens kommunalstämma antogs till "sockenskräddare". Det var alltid under skräddaredets stränga dagar. Vid 20-årsåldern inträffade emellertid en episod, som tom att ändra levnads-banan för den framåtsträvande yng-lingen. Han kom att deltaga i bräd-flottningen på Ångermanälven och detta med framgång. "Men därmed var det ockå slut med skräddaren", säger han i sin bok. Strax därefter reste han ned till Härnösand och er-höll hyra till Medelhavet på skeppet Ornsköld en kapten Abraham Nätergvist. Under fyra år vistades han ou på sjön och gjorde långresor, var-tyr, vilka han på ett alldeles ypper-ligt sätt skildrat i sin släktkrönika.

Till skillnad från sina kauxrater hade han ea sparad slant med och när han 1863 tröttnade på sjömans-livet och åter slog sig ned i hem-bygden. Han köpte sig su en hem-manodel i födelsockn Klipp och bod-de där till 1875, då han köpte ett hemman i Lidgata. Dar stannade han i ett 20-tal år och till 1894, då han flyttade till Ed. Är 1895 lyfta-

de han emellertid till Sollefteå, där han uppbyggde en gård vid Storgatan som han fem år senare sålde till sin äldste son, direktör P. Sj-uin. Sist-nämnda år flyttade han till Härnö-sand, och även här låt han bygga en gård, där han su tillbringar sin ål-dere dar. Men dessa korta yttre konturer av hans levnad skulle vara mycket ofallständiga om vi ej nämn-do om det verksamma arbete han ut-förde vid sidan av sitt jordbruk. Med framsynt blick kom han nämli-gen-att redan tidigt ägna sig åt skogsaffärer och stupade sig därige-nom en ekonomisk oberoende ställ-ning. Under 15 år var han anställd som skogsinspektor för Sprängavi-kens sågverksbolag och 1891 inköpte han Brunne ångsåg och bildade därav ett bolag, som han dock snart lik-nade i andra händer.

Men trots sitt strävsamma arbete och omfattande affärer har Sjödin haft tid övrig för kommunal verk-samhet. Sålunda har han under fle-ra år ordförande i kommunalnämn-den i Ådalsliden och innehade även liknande uppdrag i Ed socken. Vi-dare har han bl. a. varit god man i skifteverket och under sin Sollefteå-tid var han nämndeman.

Trots den knapphändiga skolgån-gen är Inspektor Sjödin ingalunda obevandrad i det bokliga vetandet. Genom självstudier har han förkov-rat sina kunskaper och förvärvat sig en icke föraktlig litteraturkännedom. På äldre dagar har han slät mycket sysslat med författarskap, och i sin släktbok har han skänkt sina efter-kommande en värdefull skatt.

Anfälling sedan några år tillbaka sjuter su den vördnadsvärde ålderin-gen sitt välförtjänta otium här i sta-den, en plats som han säger sig ha längtat till sedan han var ung. Men fortfarande gäller nog den reservá-tion, som tog sig uttryck i slutstro-fema av då verser han vid avsluta-tagandet från Sollefteå år 1903 skrev i Soll.-Bl.:

"De sakmadeno toner, som dock störa
friden
Är Nämforsens dån emot klippor i
Liden,
Där vill jag en gång uti vandringens
hopp
I fädernejorden få invigt mitt stoft."

Den rodlige och vördnadsvärde ål-ringen önskas helt visst su många en rofylld levnadsaffon.

Figur 65 Artikel i Västernorrlands Allehanda i maj 1929

Sammanställning över familjen Jonas Göransson Sjödin och sonen Jonas Petter Sjödin (generation två):

Namn	Släkt	Född	Gift	Död
Jonas Sjödin	far	1813-08-03	1835-10-11	1889-09-15
Lena Brita Jakobsdotter	mor	1812-04-12	1835-10-11	1901-01-07
Hans Jakob Sjödin	son	1835-12-26	1865-06-25	1911-09-19
Christina Jakobsdotter	sonhustru	1841-07-05	1865-06-25	1905-02-25
Jonas Petter Sjödin	son	1839-05-15	1866-10-28	1931-06-08
Maria Dorotea Persdotter	sonhustru	1849-05-24	1866-10-28	1884-11-16
Katarina Lovisa Ritzén	sonhustru	1853-08-30	1887-06-31	1927-10-18
Erik Georg Sjödin	son	1840-12-08		1858-01-25
Katarina Helena Sjödin	dotter	1842-12-22	1866-04-02	1909-04-13
Jakob Eriksson	måg	1834-05-04	1866-04-02	1869-12-02
Nils Jonsson Österberg	måg	1837-04-12	1872-06-24	1900-06-20
Nils Johan Sjödin	son	1846-01-19	1872-10-27	1921-02-19
Andrietta Göransdotter	sonhustru	1850-04-06	1872-10-27	1910-05-25
Karl Oskar Sjödin	son	1850-01-25		1885-01-01
Petter Sjödin	sonson	1868-05-22	1894-06-24	1965-08-18
Ida Olivia Lalander		1872-07-01	1894-06-24	1934-12-28
John Sjödin	sonson	1870-09-18	1898-10-15	1922-06-14
Jenny Henrietta Högberg		1874-01-10	1898-10-15	1924-04-27
Märta Helena Sjödin	sondotter	1873-01-09	1904-12-29	1969-02-01
Erik Viktor Borin		1870-08-05	1904-12-29	1922-01-11
Georg Sjödin	sonson	1875-12-20	1898-10-15	1964-12-03
Brita Sahlén		1875-07-13	1898-10-15	1939-01-05
Oskar Sjödin	sonson	1878-04-11		1949-12-20
Teresia Maria Sjödin	sondotter	1880-07-20	1913-08-30	1974-02-15
Arvid Sundberg		1880-08-31	1913-08-30	1964-09-15
Einar Sjödin	sonson	1887-10-28	1915-01-05	1969-09-01
Hulda Nordstrand		1888-10-16	1915-01-05	1959-12-24
Siri Sjödin	sondotter	1890-01-23	1918-01-23	1970-12-26
Karl Adolf Edvall		1892-05-17	1936-06-05	1958-08-07

213

KAPITEL 17
JOHN SJÖDIN

I samband med sina resor under 1898 fick John Sjödin reda på att en järnhandel i Nordmaling var till salu. En kommande medarbetare – Karl Olsson i Luleå – berättar att han träffade John Sjödin på Stora Torget i Härnösand i juni 1898 då han berättade att han köpt Carlsson Jernaffär i Nordmaling och frågade om han inte skulle följa honom till Nordmaling. Efter en kortare betänketid bestämde sig Karl och åkte till Nordmaling redan i juli månad samma år.

John hade då registrerat en egen firma med namnet John Sjödins Jernhandel och redan börjat inventera lagret. Det var inte någon fantastisk affär, med tanke på att lagret var litet och osorterat och affären var inte i allra bästa skick. Det innebar ett hårt arbete för att få ordning på allt och framför allt att se till att få kunder som så småningom även fick förtroende för järnhandeln. I köpet ingick även fastigheten, men när John ville bygga ut med ett magasin gick det inte att göra det i anslutning till affären utan den måste byggas på andra sidan gatan.

I Härnösand hade John träffat Jenny Henrietta Högberg som var dotter till sjökaptenen Anders Högberg och hans hustru Sara Christina Fröberg. Jenny var född 10 januari 1874 i Lägdom inom Säbrå socken, men nu hade familjen flyttat till Härnösand. Jenny var äldst i en syskonskara på 12, varav fem flickor och 7 pojkar. Endast 44 år gammal hade hennes far dött 16 mars 1893 i en hjärtinfarkt – eller hjertförlamning som det hette då - och hennes mor blev ensam med 12 barn i åldrar från 19 år till några månader.

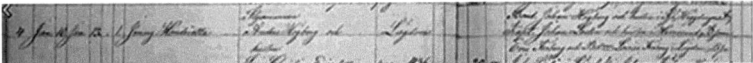

Figur 66 Jenny Henrietta Högberg födelse (Säbrå (Y) C4,83)

På den tiden var inte Nordmaling någon stor ort, vilket innebar att det ibland kunde gå en hel dag utan en enda kund i butiken. På 1870-talet förekom marknader tre gånger per år i samhället. Efterhand byggdes marknadsbodarna om för att kunna användas som bostäder. Handelsverksamheten på vallen permanentades och en tätort började växa fram och 1885 fanns 47 hushåll på kyrkvallen. Under det tidiga 1900-talet bebyggdes området söder om kyrkan. De flesta kyrkstugorna revs och i stället byggdes större affärs- och bostadshus i trä. Tätortsbildningen expanderade mot nordväst längs kungsvägen, där det tidigare endast fanns enstaka gårdar och småindustrier etablerades i närheten av samhället. Under 1920-talet fortsatte byggandet av tvåvånings affärs-och bostadshus inne i centrum. Bebyggelsen expanderade i ytterområdena och samhället fick nu också utebelysning.

Under tiden i Nordmaling växte familjen och den 29 april 1900 föddes John Tycko, den 3 januari 1904 föddes Ruth Kristina, den 8 januari 1906 föddes Rolf Erland, den 4 mars 1908 föddes Valter Adrian och den 7 november 1909 föddes Anna Ingegerd. Under den tiden insåg John att det fanns begränsat med utvecklingsmöjligheter i den lilla orten Nordmaling varför han även började med slöjd och kom så småningom in på tanken att börja med en smidesverkstad. John var mycket

215

intresserad av mekanik och försökte sig på flera uppfinningar. Han kon-
struerade flera förbättringar på jordbruksredskap som rullharvar och plo-
gar och fick även flera patent. Just rullharvarna, som fick namnet "Blixt"
och den större "Dunder" hade viss försäljningsframgång. Det gällde
även fjällplogen "Träff" som John konstruerat speciellt med tanke på den
svårarbetade norrländska jorden. "Träff" var ställbar med spjälformigt fjöl
och den fick han även patent på. Efter ett tag började John även att till-
verka lastvagnar som blev livligt efterfrågade över hela Norrland och
den lilla smidesverkstaden växte och fick en arbetsstyrka på 10–12 per-
soner.

Butiken i Nordmaling år 1903

Figur 67 Butiken i Nordmaling 1903

Hans bröder pratade gärna om att han borde flytta till dem i
Sollefteå, men under 1910 hände en avgörande händelse för framtiden.
I Skellefteå fanns det då en järnhandel som ägdes av E. Nyqvist och
han hade avlidit och företaget bjöds ut till försäljning. Så snart John fick
reda på det lämnade han in ett anbud på 27,200 kronor för butiken med
varulager.

Den 4 februari 1911 fick Sjödin ett telegram som bekräftade att
hans anbud hade antagits. Det blev en omedelbar resa upp till

Skellefteå för att avsluta affären och två veckor senare gjordes en anmälan om rörelsen till handelsregistret. Nu hade han hamnat i samma situation som både hans far och farfar tidigare haft erfarenhet av, han fick två ställen att sköta, vilket även för John blev för mycket. Visserligen hade han behållit en av de tidigare anställda hos Nyqvist i Skellefteå – Holger Lindgren – men det var ju där han ville satsa sina tankar och resurser.

För att kunna koncentrera sig beslöt sig John därför att sälja sin verksamhet i Nordmaling. Smidesverkstaden sålde han till sin verkmästare Karl Carlsson och järnaffären till sitt tidigare biträde G.W. Holmlund. Efter att försäljningen var klar flyttade hela familjen till Skellefteå. På den tiden var järnvägslinjen mellan Bastuträsk och Skelleftehamn bara färdig till Klutmark, varför familjen fick åka hästskjuts den återstående vägen in till Skellefteå stad.

Skellefteå i början av 1900-talet var en liten stad med cirka 1,400 innevånare och själva staden begränsades mellan Nordlandergatan och Esplanaden (senare Viktoriagatan), samt järnvägen och älven. Däremot var redan då landsbygden stor och välbefolkad. Den enda bron över älven fanns vid landskyrkan, men en roddfärja fanns vid Strömsör, dvs ungefär där nuvarande Viktoriabron finns. Skellefteå blev stad 1845 och hade utvecklats rätt långsamt under 1800-talet, men i och med att järnvägen förband staden och hamnen med stambanan 1912 skedde en snabbare utveckling. En bro över älven i centrala staden byggdes 1913 och staden fick en stadskyrka 1927. Transporterna skedde innan dess på pråmar och båtar på Skellefteälven från dåtidens hamn som låg vid Ursviken.

217

Familjen hittade en bostad på Köpmangatan i Skellefteå i närheten av affären som låg på Köpmangatan 7. Lägenheten på andra våningen var i fastigheten i hörnet av Storgatan och Köpmangatan. För John Sjödin blev det nu en arbetsam tid. Affären som han övertog låg nere och det fanns redan en stor handlare i staden – Sidenmarks – som fyllde stadens behov av järnvaror. Nu hade John en medarbetare i Harald Lindgren som kände de gamla kunderna och kunde snabbt knyta kontakterna igen. Förutom Harald bestod personalen av KA Lundström som var biträde, magasinskarl och springpojke i samma person. Efter ett tag anställdes ytterligare ett biträde – Helmer Forsberg – och rörelsen började utvecklas på det sätt som John önskade. Det blev visserligen problem med lagerutrymmen, men med hjälp av hyresvärden Victor Edlund löstes det problemet tillfredsställande.

Figur 68 Jernhandeln på Köpmangatan 7 i Skellefteå. Foto från Skellefteå museum.

När första världskriget bröt ut blev det alltmer arbete för John eftersom hans personal blev inkallade till krigstjänst. Trots denna utökade arbetsbelastning så behöll Sjödin sitt intresse för lantbruksmaskiner även om patenten hade sålts. I Skellefteå hade tidigare de flesta

lantbruksmaskiner sålts av konsul Helmer Häggbom och Handelsför-
eningen på Strandgatan. En produkt som Sjödin sålde mycket av var
slåttermaskinen Deering och hur stor efterfrågan var berättar John: *"När
jag kom till affären på måndag morgon upptäckte jag att den slåtterma-
skin som hade anlänt i lördags inte stod kvar. Jag blev naturligtvis
mycket upprörd eftersom det var fråga om mycket pengar och jag visste
att det var stor efterfrågan på just denna maskin. Innan jag hann kon-
takta polisen så kom en av de största lantbrukarna från södra sidan av
älven in på gården och bugande bad om ursäkt. Jag frågade varför och
då berättade han att han redan på lördagskvällen hade kommit hit med
sin häst och tagit slåttermaskinen eftersom han visste att grannen också
var intresserad att köpa. Åter igen bugade han sig och tog samtidigt
fram sin välfyllda plånbok för att kontant genomföra köpet. Själv stod jag
nog bara och gapade innan jag kunde svara och så småningom genom-
föra försäljningen."*

När behovet av ytterligare lager blev akut och hyresvärden inte
ville eller kunde hjälpa till skaffade Sjödin en tomt efter samma gata,
men lägre norrut och lät bygga ett magasin av korrugerad plåt. I denna
byggnad hade Sjödin utställning av lantbruksmaskiner.

John var alltid i affären först på morgonen och sist på kvällen
och dessutom blev han tvingad att sköta de administrativa uppgifterna
sena kvällar och på söndagarna. Under denna tid hade familjen dessu-
tom utökats ytterligare med sonen Ingvar Valdemar född den 10 april
1912 och dottern Disa Maria född den 4 februari 1914. John började
känna sig utarbetad och hans hälsa försämrades märkbart. I början av
1918 fanns det av den anledningen de som började fundera om affären
kanske var till salu. Ett annat förslag var att ombilda bolaget så att John
skulle få fler personer i ansvarig ställning där det i första hand talades
om medarbetaren Harald Lindgren.

Vid samma tid studerade sonen Tycko vid gymnasiet i Härnö-
sand och den 17 februari det året hade han skrivit ett brev till sin far där

han bland annat uttalade att han hade funderat på att bli järnhandlare. Pappa John blev minst sagt förvånad och skyndade sig att svara sonen med bland annat följande: *"Har du utan någon påtryckning från något håll och efter moget öfvervägande angående din framtida verksamhet just nu kommit att fundera på att blifva järnhandlare måste jag säga att det ser rent ut som en Guds skickelse, detta enär jag nu ligger i underhandling att sälja affären eller eventuellt ombilda den till Aktiebolag då en 2 á 3 personer skulle ingå i affären såsom direkt hjelp för affärens skötande. Att det för mig som nu är sjuklig och delvis utarbetad skulle kännas särdeles skönt om jag visste mig hafva söner som ville ägna sig åt affären är ju gifvet, att det skulle i hög grad sporra mig att hugga i med friska tag tills du hunnit sätta dig in i och blifva mitt stöd i affären är ju äfven säkert, hvad du nämner om en bokföringskurs har nästan inge reell betydelse enär du lär dig bokföring bäst och säkrast i affären men hvad som fordras för att kunna uppdrifva affären jemväl i parti är ett eller*

Figur 69 Hela familjen John Sjödin. Foto från 1919

annat års praktik på någon större modernt kontor i järnbranschen, jag
anser att affären skulle uppdrifvas betydligt och skulle då snarast se att
äfven Erland efter tagen realexamen skulle börja i affären för att egna
sig åt yrket ty det är en stor styrka om man kunde arbeta som säger
med eget folk i affären."

Brevväxlingen fortsätter med att Tycko först blir lite besviken att
fadern inte pratat med honom innan han börjat fundera på att sälja affä-
ren, men att han samtidigt förklarar sig vilja bli järnhandlare då fadern
inte har något emot att han blir faderns efterträdare. John svarar Tycko
att han nu beslutat att inte ingå i de föreslagna affärerna och ser fram
emot att få arbeta tillsammans med sonen när han tagit studenten.

Efter att Tycko tagit studenten började han, vid 18 års ålder, att
arbeta i företaget. Efter att ha praktiserat ett drygt år hos AB Östersunds
Redskapshandel och fullgjort sin militärtjänstgöring återvände han till
Skellefteå och järnaffären 1921.

Familjen Sjödin bestod nu av sju barn och bodde i en lägenhet
i centrala Skellefteå. Mamma Jenny var hemma och skötte om hemmet
och barnen och man skaffade sig ett sommarhus – Elfslunda. Det fram-
går inte om man ägt eller hyrt huset, men hela familjen levde ett behag-
ligt liv i detta stora hus hela somrarna.

*

Arbetet i en järnaffär i början av 1900-talet innebar att man började 8 på
morgonen och gick hem 8 på kvällen. Eftersom det var så få medarbe-
tare fick varje man göra allting från att ta emot varor, packa upp, sälja,
leverera, städa och allt som behövdes. John var kanske den som aldrig
var rädd för att hugga i oavsett vad det gällde och eftersom lokalerna
var trånga och gamla var det svårt att hantera de tyngre produkter som
affären sålde. Leveranser skedde med en dragkärra, som personalen
drog både till kunder och till järnvägen. För att klara av de tyngre leve-
ranserna anlitade man kusken Öman och Putte. Putte var en häst som

dagligen gick mellan butiken och järnvägen och det hände flera gånger att Öman ställde ifrån sig hästen utan att binda honom och när han kom ut igen var hästen borta. Öman blev inte bekymrad för det och gick själv till järnvägen och mycket riktigt, där stod Putte vid lastkajen.

Interiör av butiken före tillkomsten av sportavdelningen

Figur 70 Interiör av butiken 1935

Det fanns ett särskilt förhållande mellan personalen och kunderna, speciellt de kunder som kom in från landsbygden. Ofta kom man samma dag i veckan och samma tid. Kunderna förväntade sig att personalen skulle ha tid att prata och skvallra och att man dessutom skulle bli bjuden på en cigarr, som alltid fanns i en låda på disken. Om man sedan handlade eller inte spelade mindre roll det var på det här sättet det skulle gå till. Ofta var kunderna sina egna expediter. Man plockade på sig det man ville ha och gick sedan till biträdet för att betala. De flesta varorna i butiken var ju bakom en disk i lådor eller fack, men dessa kunder visste precis var man skulle hitta det man behövde och gällde det varor som förvarades i magasinet gick man direkt dit.

På den tiden skulle man alltid pruta på priset och ofta visste kunden exakt vad han ville betala för en vara och var det en trogen kund fick han dessutom det pris han ville betala, men bara om det var Sjödin själv som var expedit. Sjödins Jernaffär kunde dessutom göra reklam på ett mer ovanligt sätt. Förutom att man hade stora skyltar ute på huset så använde man sig av sina skyltfönster på många olika sätt. Vid många tillfällen hade man levande djur i skyltningen som harar, katter och hundar, ja till och med en räv.

En mångårig medarbetare som kom till företaget redan 1917 – David Pilquist – berättar att bokföringen helt skedde för hand och att allting skulle noteras. Det var inte direkt ovanligt, speciellt under första världskriget, att kunderna inte hade tillräckligt med kontanter och då var det viktigt att exakt notera skulden och när den skulle betalas. Detta fungerade otroligt bra och David kan inte påminna sig att man på den tiden hade det man idag kallar kundförluster även om det ibland kunde gå lång tid innan man fick betalt. Försäljningen var mycket oregelbundet över året och eftersom de flesta kunderna var lantbrukare var det stor koncentration av försäljningen kring kyrkhelgerna. När bönderna kom in till staden på lördagen handlade man för hela veckans husbehov eftersom det inte fanns några lanthandlare. Lördagar blev därför dagen då man hade sin bästa försäljning och årstidsmässigt var vår och sommar bättre än höst och vinter. Att anpassa sitt sortiment blev därför av största vikt och att planera inköpen så att lagret varken var för stort eller för litet och just den delen hade John lärt sig under årens lopp och han tyckte dessutom om just den planeringen.

Butikschefen Enoc Almlöf som anställdes 1919 berättar hur det gick till vid löneutbetalningarna: *"Sjödin kom ut i butiken med händerna på ryggen och cigarren mellan fingrarna och gick fram och tillbaka en stund. Så stannade han plötsligt framför en av de anställda och tryckte avlöningen i hans hand. Sedan gjorde han sig en ny tur in på kontoret och hämtade nästa avlöning och gick åter fram och tillbaka innan han stannade framför en annan anställd. Så höll han på tills all personal fått sin lön."*

I början av 1921 stod Jernaffären inför budskapet att man skulle få en konkurrent i staden då KA Lundström och ett biträde hos John Utterströms Järnhandel inbjöd till aktieteckning för detta bolag. Det visade sig att det inte blev någon lyckad satsning och redan i december samma år tvingades bolaget i likvidation och varulagret köptes upp av Sjödins Jernhandel. Just detta år var ett särskilt svårt år eftersom efterfrågan dalade och priserna sjönk. Dessutom blev John Sjödins hälsa allt sämre eftersom han drabbats av cancer. Han genomgick en operation i början av 1922, men han kunde inte längre leda företaget på samma sätt som tidigare och sonen Tycko blev tvungen att mer och mer träda in i hans ställe.

I mars 1922 ombildades bolaget till ett aktiebolag med ett aktiekapital på 158,000 kronor med stor hjälp av Johns bröder Petter och Georg. Petter Sjödin blev dessutom styrelseordförande i bolaget och John blev företagets verkställande direktör. Nu blev detta inte någon längre tid eftersom John avled den 14 juni 1922 varefter Tycko Sjödin utsågs till VD.

Figur 71 Elfslunda eller senare Älvslunda som var familjen Sjödins sommarhus under 1920-talet

För familjen John Sjödin innebar detta naturligtvis en stor sorg med tanke på att bara Tycko av de fem barnen var myndig. Som förmyndare för övriga fyra barn utsågs Johns bröder Georg Sjödin och Petter Sjödin. Jenny blev nu ensam att sköta om barnen som var i åldrar från 8 år till 18 år. Till råga på allt så drabbades familjen av ytterligare en stor sorg då modern Jenny avled endast två år senare, den 27 april 1924 i hjertförlamning, dvs hjärtinfarkt. Nu var de sju barnen ensamma och ansvaret vilade tungt på de äldsta Tycko och Ruth, som tillsammans med anlitade barnskötare fick ta hand om familjen.

Företaget med Tycko som VD fortsatte att utvecklas och så småningom kom även Tyckos bror Erland att ingå i företagets personal. I början av 1924 blev den så kallade Lagerkvistska fastigheten till salu. Denna fastighet låg central i staden i korsningen mellan Stationsgatan och Nygatan och med stöd av styrelseordföranden Petter Sjödin upprättades ett köpeavtal som belöpte sig på den avsevärda summan av 145,000 kronor. Fastigheten hade långsidan mot Stationsgatan och mot Nygatan fanns bara ett mindre magasin och inne på gården var det stallar för bönderna att ställa sina hästar i.

Under de kommande åren planerades för en utbyggnad av fastigheten och 1927 tecknades ett entreprenörskontrakt med byggmästaren Karl Markgren. Fastigheten fick då en del mot Nygatan och taket höjdes så att det blev två fullstora våningar och en vindsvåning. Förutom lokaler för firmans egna behov fick man plats för ytterligare en butik mot Stationsgatan och två mot Nygatan. Dessutom byggdes en trevånings magasinsbyggnad inne på gården. På andra våningen inrättades bostäder.

I början av november 1927 överhettades värmesystemet i fastigheten på Köpmangatan och en explosionsartad eldsvåda bröt ut som totalförstörde både butik och lager. Eftersom de nya lokalerna ännu ej hade färdigställts blev det nödlösningar för att kunna fortsätta driften. Bland åtgärderna var att flytta kontoret till syskonens våning ovanför

dåvarande Gordons affär, att med hjälp av kollegan John Utterström an-
skaffa varor och ordna leveranser, att påskynda byggandet så att en
mindre lokal kunde ställas i ordning efter Stationsgatan och dessutom
att ordna en auktion på de brandskadade varor som ändå var använd-
bara.

De nya lokalerna, som officiellt fick adressen Nygatan 40 blev
färdiga för inflyttning i maj 1928 och verksamheten kunde fortsätta. Be-
hovet av ytterligare magasin blev mer och mer akut, varför bolaget hyrde
en tomt vid järnvägen där man uppförde en tvåvåningsbyggnad 1934.
Ungefär samtidigt köpte bolaget dessutom ett kolmagasin av konsul J.A.
Stenberg inom SJ:s område.

Figur 72 Sjödins Järn i Skellefteå 1940-tal

Barnen Sjödin började bli vuxna och flytta hemifrån för vidare
studier eller för giftermål. I samband med att den nya fastigheten blev
färdig flyttade familjen in på andra våningen i det nya huset. Tycko Sjö-
din gifte sig den 5 november 1928 med Greta Josefina Wahlberg. Hon
var född den 13 juli 1905 i Bureå och var dotter till Köpman Johan Gus-
tav Wahlberg och Ida Evelina Marklund båda bördiga från Storkåge men
nu bosatta i Skellefteå.

Ruth Kristina Sjödin gifte sig den 12 oktober 1930 med Knut Helmer Larsson, född 2 juni 1894. Helmer Larsson var bror till den framtida bilhandlaren J.O. Larsson i Skellefteå och son till Johan Larsson och Anna Karolina Öhman. Paret flyttade till Umeå.

Rolf Erland Sjödin gifte sig den 28 juni 1931 med Ellen Kristina Valborg Forsberg, född 29 juli 1903 i Danmark. Valter Adrian Sjödin utbildade sig till Ingenjör och Ingvar Valdemar Sjödin gick den militära banan. Även Anna Ingegerd och Disa Maria genomgick olika utbildningar under denna tid.

Företaget förblev ett familjeföretag och leddes av Tycko Sjödin under flera decennier. Under 1944 gick företaget samman med John Utterströms Järn AB, Steinvalls Järn och Olle Åkerman och bildade AB Skellefteå Maskinaffär, som då köpte fastigheten Storgatan 30. I samband med stora festligheter när bolaget fyllde femtio år 1948 kunde man konstatera den totala golvyta bolaget disponerade var 3,400 kvadratmeter och att bolaget hade 35 anställda. Under åren fram till en försäljning 1988 förblev bolaget i familjens ägo och leddes av familjemedlemmar. Tyvärr drabbades bolaget av bränder vid flera tillfällen förutom den första 1927, en stor brand i de nybyggda lokalerna i Hedensbyn 1969 och på samma plats genom en anlagd brand 1976. Fastigheten där bolaget hade sin verksamhet på Nygatan 40 såldes 1977 och som ett märkligt sammanträffande brann även den fastigheten under 1990-talet.

Det gick bra för alla barnen till John Sjödin och förutom ovan nämnda så gifte sig Valter Sjödin den 1 januari 1945 med Dagmar Matilda Moreus, född 18 augusti 1910. Gerd Sjödin gifte sig den 4 juli 1942 med Johan Gustaf Martin Wahlberg, född 10 november 1914. Martin var dessutom bror till Tyckos hustru Greta. Ingvar Sjödin gifte sig den 21 november 1937 med Vera Elisabeth Nordström, född 8 december 1911.

Disa Sjödin gifte sig den 14 oktober 1939 med Artur Johan Lindberg, född 16 oktober 1895.

Figur 73 Sjödins anläggning i Hedensbyn

Husband:	John Sjödin
Birth:	18 Sep 1870 in Ådals-Liden, Västernorrland
Marriage:	15 Oct 1898 in Härnösand, Västernorrland
Death:	14 Jun 1922 in Sankt Olov, Skellefteå stadsförsamling, Västerbotten; cancer
Father:	Jonas Petter Sjödin Jonsson
Mother:	Maria Dorotea Persdotter

Wife:	Jenny Henrietta Högberg
Birth:	10 Jan 1874 in Lägdom, Säbrå, Västernorrland
Death:	27 Apr 1924 in Sankt Olov, Skellefteå stadsförsamling, Västerbotten
Father:	Anders Högberg
Mother:	Sara Christina Eriksdotter Fröberg

Children:

1 M
Name:	Tycko John Sjödin
Birth:	29 Apr 1900 in Nordmaling, Västerbotten
Marriage:	05 Nov 1928 in Skellefteå landsförsamling, Västerbotten
Death:	18 Dec 1985 in Sankt Olov, Skellefteå stadsförsamling, Västerbotten
Spouse:	Greta Josefina Wahlberg

2 F
Name:	Rut Christina Sjödin
Birth:	03 Jan 1904 in Nordmaling, Västerbotten
Marriage:	12 Oct 1930 in Skellefteå landsförsamling, Västerbotten
Death:	02 Mar 1990 in Umeå stadsförsamling, Västerbotten
Spouse:	Helmer Knut Larsson

3 M
Name:	Erland Rolf Sjödin
Birth:	08 Jan 1906 in Nordmaling, Västerbotten
Marriage:	28 Jun 1931 in Kopparberg, Örebro
Death:	01 Mar 1969 in Skellefteå landsförsamling, Västerbotten
Spouse:	Christina Ellen Valborg Forsberg

4 M
Name:	Valter Adrian Sjödin
Birth:	04 Mar 1908 in Nordmaling, Västerbotten
Marriage:	01 Jan 1945 in Nikolai, Örebro, Örebro
Death:	16 Apr 1983 in Sala, Västmanland
Spouse:	Dagmar Matilda Moraeus

5 F
Name:	Gerd Anna Ingegärd Sjödin
Birth:	07 Nov 1909 in Nordmaling, Västerbotten
Marriage:	04 Jul 1942 in Frösön, Östersund, Jämtland
Death:	20 Jan 1992 in Sankt Olov, Skellefteå stadsförsamling, Västerbotten
Spouse:	Martin Johan Gustaf Wahlberg

6 M
Name:	Ingvar Valdemar Sjödin
Birth:	10 Apr 1912 in Skellefteå landsförsamling, Västerbotten
Marriage:	21 Nov 1937 in Umeå stadsförsamling, Västerbotten
Death:	08 Jul 1980 in Gävle, Gävleborg
Spouse:	Vera Elisabet Nordström

7 F
Name:	Disa Maria Sjödin
Birth:	04 Feb 1914 in Sankt Olov, Skellefteå stadsförsamling, Västerbotten
Marriage:	14 Oct 1939 in Sankt Olov, Skellefteå stadsförsamling, Västerbotten
Death:	26 Jul 2005 in Sankt Olov, Skellefteå stadsförsamling, Västerbotten
Spouse:	Artur Johan Lindberg

Figur 74 John och Jenny Sjödins barn

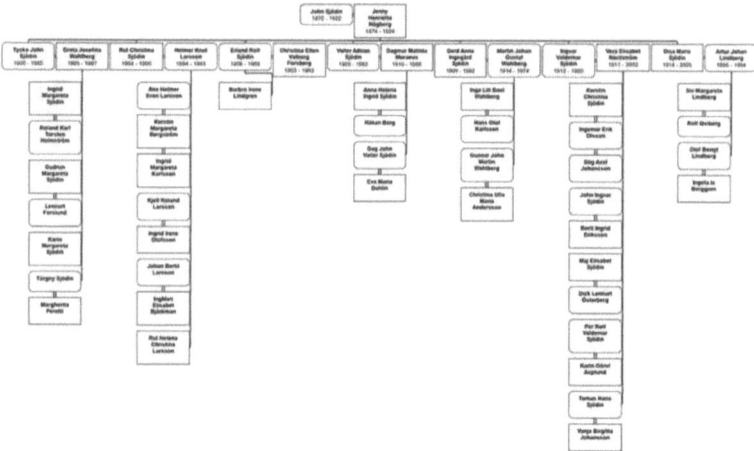

Figur 75 John och Jennys barnbarn

FIGURFÖRTECKNING

LITTERATUR OCH KÄLLFÖRTECKNING

AB John Sjödins Järn & Maskinaffär. (1948). *50 år i järnets tecken.*
    Skellefteå: egen.
Sjödin, J. P. (15 maj 1919). *Vår släkt.* Härnösand: egen.
Sjödin, J. P. (1921). *Vår släkt.* Härnösand: egen.